Italiens kulinarische Landschaften

# ROM
## UND LATIUM

Italiens kulinarische Landschaften

# ROM UND LATIUM

Carla Bardi
Foodfotos von Marco Lanza

CHRISTIAN VERLAG

Aus dem Englischen übersetzt von Susanne Keller und Natascha Afanassjew
für GAIA Text, München
Satz & Produktion: GAIA Text, München
Umschlaggestaltung: Horst Bätz


http://www.christian-verlag.de

Dieses Buch mit dem Originaltitel *Flavours of Italy – Rome* wurde entwickelt von McRae Books Srl, Florenz.


Text: Carla Bardi
Fotos: Marco Lanza
Styling: Rosalba Gioffrè
Design: Marco Nardi

Druck und Bindung: Mladinska Knjiga, Ljubljana
Printed in Slovenia



ISBN 3-88472-429-0

HINWEIS
Alle Informationen und Hinweise, die in diesem Buch enthalten sind, wurden vom Autor nach bestem Wissen erarbeitet und von ihm und dem Verlag mit größtmöglicher Sorgfalt überprüft. Unter Berücksichtigung des Produkthaftungsrechts müssen wir allerdings darauf hinweisen, daß inhaltliche Fehler oder Auslassungen nicht völlig auszuschließen sind. Für etwaige fehlerhafte Angaben können Autor, Verlag und Verlagsmitarbeiter keinerlei Verpflichtung und Haftung übernehmen.

Korrekturhinweise sind jederzeit willkommen und werden gerne berücksichtigt.

# Inhalt

# Einleitung

Latium, das Herzstück Italiens, findet man auf halbem Wege zwischen der Toskana im Norden und Kampanien im Süden. Unabhängig von seiner Lage fühlen sich die Bewohner Latiums den lebensfrohen Menschen des Südens enger verbunden als den eher nüchternen, geschäftstüchtigen Toskanern. Die üppigen Tafelfreuden sind ein Spiegelbild des römischen Temperaments. Essen und Trinken wurde in der Ewigen Stadt schon immer mit ebenso viel Hingabe wie Sinn für das Spektakuläre betrieben, daran hat sich seit den Tagen des Römischen Imperiums wenig geändert.

Wer kennt nicht die Erzählungen von altrömischen Banketten, bei denen ein reichhaltiger Gang nach dem anderen aufgefahren wurde und der Extravaganz keine Grenzen gesetzt waren: ob gemästete Haselmäuse, gebratene Gurken und süßsaure Pfirsiche oder gar Flamingo- und Nachtigallenzungen oder ranzige, stark gewürzte Fischsaucen. Viele dieser skurrilen Gerichte basieren vermutlich auf Petronius' Roman „Satyricon". Die berühmteste Episode dieses Werks ist eine spöttische Darstellung des Festmahls des schwerreichen, vulgären Emporkömmlings Trimalchio, das dieser einst im Rom Neros verstanstaltete, um seine Freunde und Anhänger zu beeindrucken. Die tatsächlichen Essgewohnheiten im antiken Rom waren allerdings sehr viel bodenständiger: Das herzhafte Frühstück bestand zumindest teilweise aus Resten vom Vorabend (Käse, Brot, Honig, Eier und Oliven). Mittags gab es einen kleinen Imbiss, der in einer der Tavernen der Stadt eingenommen oder bei einem der zahlreichen Straßenverkäufer gekauft wurde. Die Hauptmahlzeit nahm man am Abend zu Hause ein, nach dem Besuch der öffentlichen Bäder. Ein römisches Abendessen begann mit einer kräftigen Suppe aus Getreide oder Hülsenfrüchten oder einem großen Teller mit frischem Gemüse, gefolgt von Käse, Brot, Milch, Kapern und Oliven. Den

*Das erste römische Kochbuch „De Arte Coquinaria" aus dem 1. Jahrhundert n. Chr. verdanken wir Marcus Gavius Apicius. Zahlreiche Anekdoten berichten über diesen Lebemann, der ein Vermögen verschleuderte und es dann vorzog, sich zu vergiften, statt in Armut zu leben.*

*Unten: Kolosseum, Symbol der Stadt Rom.*

*Von der Geschichte, wie der Wein Est! Est!! Est!!! aus Montefiascone zu seinem Namen kam, existieren unzählige Versionen. Die meisten stimmen aber insoweit überein, dass ein deutscher Prälat aus Augsburg vor seiner Reise nach Italien einen Boten ausschickte, um die Gasthäuser mit den besten Weinen zu suchen. Der Diener wurde angewiesen, Gasthäuser mit gutem Wein mit einem Est! auf der Landkarte zu markieren und solche mit sehr gutem Wein mit Est! Est!! zu kennzeichnen. Als der getreue Diener nach Montefiascone kam, war er von dem dortigen Wein so begeistert, dass er ihm ein Est! Est!! Est!!! zuerkannte. Und diese Bezeichnung trägt der Wein bis heute.*

Abschluss bildete getrocknetes oder frisches Obst. Wohlhabendere Römer leisteten sich Fisch und, in selteneren Fällen, auch Fleisch.

Unter dem wachsenden Druck germanischer und slawischer Völker, die von Norden und Osten her ins Land drangen, brach das Römische Imperium im 6. Jahrhundert auseinander. Die Stadt Rom wurde im 5. Jahrhundert geplündert und der letzte Kaiser Augustulus schließlich entthront. Die lange Spanne des Mittelalters prägten der Mangel an Nahrungsmitteln und Hungersnöte, unter denen vor allem die ärmeren Schichten zu leiden hatten.

Einen amüsanten Einblick in die Essgewohnheiten jener Zeit gewährt ein Büchlein über Tafelsitten mit dem Titel „Piccolo galateo conviviale del Medioevo“. Es richtete sich vor allem an die Oberschicht und enthält Empfehlungen für gutes Benehmen bei Tisch: So sollte man den Gastgeber nicht fragen, was es zu essen gibt, nicht von den Tellern anderer Leute essen, das Gegessene nicht wieder ausspucken, nicht zu viel trinken und keinesfalls das Tischgebet vergessen. Offensichtlich verfielen Tafelsitten in den Folgejahren zusehends, denn ein im 16. Jahrhundert publizierter „galateo“ ermahnte den vornehmen Gast, „es zu unterlassen, sich am Tisch zu kratzen, das Spucken bei Tisch tunlichst zu vermeiden, es jedoch in dringend notwendigen Fällen so elegant wie möglich zu tun, nicht zu viel auf einmal in den Mund zu stopfen, da dies nur zu Schluckauf und anderen unziemlichen Geräuschen führt, sich den Mund nicht mit Wein auszuspülen und diesen dann auszuspucken sowie den Zahnstocher nicht nach Manier eines Barbiers hinter dem Ohr zu tragen“.

Das Machtvakuum nach dem Untergang des Imperiums wurde nach und nach durch das Papsttum ausgefüllt. Als im 14. Jahrhundert nach Aufhebung der Kirchenspaltung in zwei päpstliche Ämter in Avignon und Rom das Papsttum wieder in Rom vereinigt war, machte sich der päpstliche Hof einen Namen mit seinen glanzvollen Banketten, bei denen kunstvolle Speisen und exzellente Weine serviert wurden.

Doch erst mit dem 16. Jahrhundert, als die in Amerika entdeckten Nutzpflanzen Europa erreichten, begann sich die Grundlage der heutigen römischen Küche zu entwickeln. Allmählich lernte man Tomaten, Kartoffeln, Paprika, Auberginen, Mais, Schokolade, Sonnenblumen, Truthähne und viele andere neue Lebensmittel kennen, die die Essgewohnheiten der Menschen veränderten. Neue Rezeptbücher halfen den Köchen, die unbekannten Nahrungsmittel in den Speiseplan einzubauen. Das erste Buch über Mais und seine Verwendungsmöglichkeiten schrieb Virgilio Polidoro, es erschien in Rom im Jahre 1576. Zahlreiche Schriftsteller, Künstler und Reisende aus aller Herren Länder strömten im 18. und 19. Jahrhundert auf ihren Rundreisen durch Europa nach Rom. Viele von ihnen hinterließen detailgenaue Aufzeichnungen über das Essen und den Wein der Stadt. Die vielgereiste Engländerin Mariana Starke stellte sogar eine Liste der Lebensmittelpreise auf. Gogol, Berlioz, Stendhal, Goethe, Thorvaldsen und andere besuchten die Stadt. Aus ihren Berichten wissen wir, dass Pasta damals schon häufig auf dem Speiseplan stand, dass *Fritto misto* (s. Rezept S. 76) häufig auf den Tisch kam und die für die Region typischen Käsesorten – Ricotta, Pecorino und Mozzarella – in jenen Tagen

*Stilvolles Dinner mit Blick über die Ewige Stadt.*

*Unten: prosciutto und salami.*

ITALIEN
Latium
Viterbo
Rieti
ROM
TYRRHENISCHES MEER
Frosinone
Latium

genauso köstlich waren wie heute. Auch der Wein der Region wurde offenbar ausgiebig gekostet. Bis auf wenige Ausnahmen erntete die römische Küche von den Reisenden viel Lob, insbesondere das hier angebaute Obst und Gemüse.

Doch sprechen wir über das heutige Rom: Obwohl Latium eine recht große und bevölkerungsreiche Region ist, leben drei der fünf Millionen Einwohner in der Stadt Rom, während sich die übrigen auf die 370 Kommunen der anderen vier Provinzen verteilen. Die italienische Hauptstadt ist eine Weltstadt, in der Bürokraten, Regierungsbeamte, geistliche Würdenträger und Pilger aus ganz Italien und allen Teilen der Welt für geschäftiges Treiben sorgen. Wie alle Großstädte bietet auch Rom ein breites Spektrum an hervorragenden Restaurants, in denen dem Gast Spezialitäten aus allen italienischen Regionen und anderen Ländern serviert werden. Vor allem abseits der touristischen Sehenswürdigkeiten kann man noch die typisch römische Küche finden. Das liegt nicht zuletzt daran, dass in Rom – anders als in Florenz oder Venedig, deren unverwechselbarer Charakter in mancher Beziehung vom Massentourismus überdeckt worden ist – eine ausreichend große einheimische Bevölkerung lebt, die unbeirrt an ihrer einzigartigen, heiteren Lebensart und ihrer Küche festhält. Ein kleiner Abstecher in eine Seitengasse oder ein Ausflug in die Stadtviertel jenseits des Zentrums führt unweigerlich zu einer gut besuchten Trattoria oder Osteria, in der sich die Römer mit großer Leidenschaft dem hingeben, was sie am liebsten tun: essen und reden.

Ein traditionelles römisches Essen beginnt mit *Bruschetta* (s. Rezept S. 15), *Fave con pecorino* (s. Rezept S. 19) oder *Carciofini sott'olio* (s. Rezept S. 18). Danach folgt ein herzhafter und gehaltvoller erster Gang, der meist aus Pasta besteht. Zwei Pastagerichte, die man auf jeder Speisekarte findet, sind *Bucatini all'amatriciana* (s. Rezept S. 29) und *Spaghetti alla carbonara* (s. Rezept S. 32). Typische Fleischgerichte bestehen aus Lamm, das entweder gebraten (*Abbacchio al forno*, s. Rezept S. 65) oder geschmort wird (*Abbacchio alla romana*, s. Rezept S. 72). Zu

*Römer kaufen keinesfalls nur in Supermärkten. Sie lieben ihre kleinen Käseläden, Metzgereien und Gemüsehändler an der Ecke, deren vor dem Laden aufgebaute Waren den Kunden zum Kauf verlocken.*

*Der Straßenbetrieb in den Cafés und Trattorien floriert von April bis November. In einer warmen Sommernacht auf der Straße oder einer der kleinen Piazzas zu dinieren, ist Lebensfreude pur.*

*Am Stadtrand von Rom liegt das Fischerdorf Fiumicino aus dem 18. Jahrhundert, das auch Standort eines der beiden Flughäfen Roms ist. Auf dem Fischmarkt entlang des Hafenbeckens wird der frische Fang gleich zum Kauf angeboten. Im Sommer lockt der stets gut besuchte Strand zum Baden.*

den wichtigsten Beilagen gehören Artischocken (*Carciofi alla giudea*, s. Rezept S. 86) und Erbsen (*Piselli alla romana*, s. Rezept S. 85). Den Abschluss bilden ein Espresso und das Bedürfnis nach einer Siesta!

Die Stadt Rom erstreckt sich heute über ein größeres Gebiet als zu Zeiten des Imperiums, als Rom die halbe Welt von Palästina bis England beherrschte. Mittlerweile umfasst sie die Küstenstädte Ostia (der Hafen des antiken Rom) und Fiumicino. Beides sind lohnende Ziele für einen Tagesausflug, um der Geschäftigkeit und glühenden Hitze des Stadtzentrums zu entfliehen. Auf der gegenüberliegenden Seite der Stadt liegt Tivoli, das zur Besichtigung der immer noch eindrucksvollen Ruine der Hadriansvilla und einem herrlich erfrischenden Besuch der Villa d'Este aus dem 16. Jahrhundert einlädt. Unzählige Brunnen erfreuen den Besucher, und überall in den Gärten sprüht, fließt und tröpfelt Wasser, während die prachtvolle Villa einen Eindruck von dem Prunk gibt, mit dem die Päpste sich einst umgaben.

Obwohl die umliegenden Provinzen vergleichsweise klein sind, bewahren sie sich ihren eigenen Charakter mit den für sie typischen Erzeugnissen, Spezialitäten und Weinen.

*Das Schloss Tecchiena in der Nähe der Stadt Alatri in Frosinone. Alatri selbst ist mit seinen Stadtmauern und einer Akropolis aus dem 4. Jahrhundert v. Chr. ebenfalls einen Besuch wert.*

**Frosinone** ist die Hauptstadt der gleichnamigen Provinz im Südosten Latiums. Seit ungefähr 600 v. Chr. bewohnte das Volk der Volsker die Stadt, bis sie im 4. Jahrhundert v. Chr. von dem sich ausdehnenden Rom erobert wurde. Heute lebt die Gegend hauptsächlich von Landwirtschaft und Leichtindustrie. Die Haupterzeugnisse der Provinz sind Schinken, Salami, Pecorino, Lamm, Erbsen, Erdbeeren, Oliven und Olivenöl, und sie sind von erstklassiger Qualität. Das Rezept für *Frittata alla Ciociara* (s. Rezept S. 80) kommt aus dem Landstrich Ciociara um das Sacco-Tal.

**Latina** ist die Hauptstadt der südlichen Provinz gleichen Namens, die vom Mittelalter bis in die 40er Jahre des 20. Jahrhunderts über weite Flächen von unbewohnbarem Sumpfland bedeckt war, bis diese erfolgreich trocken gelegt werden konnten. In den wiedergewonnenen Pontinischen Ebenen verdienen sich seine Einwohner ihren Lebensunterhalt mit Handelsgärtnerei, Landwirtschaft und Industrie. In den zahlreichen alten Städten entlang der Küste bekommt man ausgezeichnet zubereitete Meerestiere. Das köstliche süßsaure Gericht *Tiella con pesce* (s. Rezept S. 47) stammt aus Gaeta im Süden. Die hiesige Küche hat viele Gemeinsamkeiten mit der des nahe gelegenen Neapel. Bis vor kurzem waren die Weine aus Cori, Aprilia und dem Süden außerhalb ihres Erzeugergebietes kaum bekannt. Doch seit etwa zehn Jahren wird er auch exportiert, mitunter sogar bis nach Amerika. Die meisten sind einfache trockene oder halbtrockene Weiß- und Rotweine, die eine hervorragende Ergänzung zu den hier typischen Gerichten darstellen.

*Ein Brunnen im Hof des Päpstlichen Palastes aus dem 13. Jahrhundert in Viterbo. Die Stadt hat eine wunderschöne mittelalterliche Altstadt, die nach den Zerstörungen des 2. Weltkriegs wieder sorgsam restauriert wurde.*

*An den Küstenstreifen von Latina kann man alles hinter sich lassen, ob zu Fuß oder auf dem Pferderücken.*

Die nördliche Provinz **Viterbo** ist die Heimat vieler Etruskerstädte: Tuscania, Viterbo, Tarquinia und Cerveteri waren einst wichtige Zentren etruskischer Kultur. Hier liegt auch der Lago di Bolsena, der größte See Italiens, aus dem die Aale und Forellen stammen, die fester Bestandteil des Speiseplans der Gegend sind. An den Ufern des Sees werden einige der besten Weine der Region Latium gekeltert. Aber auch Kirschen, Erdbeeren, Birnen, Feigen und andere Obstsorten gedeihen hier ausgezeichnet. Aus der Gegend um den weiter südlich gelegenen See Bracciano stammen hervorragende Wurst- und Schinkensorten. An der Küste isst man am liebsten Fisch und Meerestiere, und in der Küstenstadt Civitavecchia wurde der etwas aufwendige, aber umso köstlichere Kuchen *Pizza dolce civitavecchiese* (s. Rezept S. 106) erfunden.

Die Provinz **Rieti** im Inneren des Landes gehörte ursprünglich zu Umbrien, was sich bis heute in ihrer Gastronomie widerspiegelt. Auch eine enge Verbundenheit mit den benachbarten Abruzzen ist unübersehbar. Dennoch ist Rieti die Heimat eines der berühmtesten römischen Gerichte, der *Bucatini all'amatriciana* (s. Rezept S. 29), das nach der Stadt Amatrice im äußersten Nordosten der Provinz benannt ist.

# Antipasti



Der einfache und rustikale Ursprung der römischen Küche spiegelt sich in den wenigen charakteristischen Vorspeisen der Gegend wider. Als Auftakt zu einem besonderen Essen eignet sich eine Auswahl an Salami, geräuchertem, gekochtem oder luftgetrocknetem Schinken, dazu passen Oliven, eingelegtes Gemüse, Artischocken in Öl und *crostini*, geröstetes Brot mit unterschiedlichem Belag. Geradezu klassisch ist geröstetes Brot mit Knoblauch und Olivenöl. Neben der bäuerlichen Küche bietet Latium aber auch anspruchsvollere Verlockungen wie frittiertes Mozzarellabrot und gefüllte Zucchiniblüten.

# Bruschetta

## *Geröstetes Brot mit Knoblauch und Öl*

*Für 4 Personen*
*Vorbereitungszeit: 5 Minuten*
*Garzeit: 5 Minuten*
*Schwierigkeitsgrad: einfach*

4-8 Scheiben Mischbrot mit fester Krume, vom Vortag
2-4 Knoblauchzehen, geschält
4-8 EL natives Olivenöl extra von guter Qualität
Salz
Frisch gemahlener schwarzer Pfeffer

*Empfohlener Wein: ein trockener Weißwein (Frascati Secco)*

Das Brot von beiden Seiten goldbraun rösten. • Auf jeder Scheibe eine halbierte Knoblauchzehe gleichmäßig verreiben. (Das knusprige Brot wirkt wie eine Reibe.) Olivenöl darüber träufeln und die Brotscheiben mit Salz und Pfeffer würzen. Warm servieren.

**In ganz Mittelitalien ist *Bruschetta* eine beliebte Vorspeise, doch der Legende nach wurde sie in Rom erfunden. Für die aromatische *Bruschetta* sollte nur ganz frisches natives Olivenöl bester Qualität verwendet werden. Am besten eignet sich ein dunkelgrünes, klares Öl aus dem Delikatessengeschäft. Dabei sollte das Verfallsdatum beachtet werden: Auch das beste Olivenöl ist nur etwa 1 Jahr haltbar. Öl ohne Herstellungs- oder Verfallsdatum im Regal stehen lassen!**

*Für 4 Personen*
*Vorbereitungszeit: 20 Minuten*
*Garzeit: 1 Stunde*
*Schwierigkeitsgrad: relativ einfach*

25 g getrocknete Steinpilze
500 ml kaltes Wasser
5 große, sehr reife Tomaten, enthäutet, vom Stielansatz befreit und gehackt
125 g Butter, in Flöckchen
Salz nach Geschmack
350 g italienischer Risottoreis (Arborio, semifino oder fino)
60 g Parmesan, frisch gerieben
2 Eier
1 kleine Zwiebel, fein gehackt
1 Stange Bleichsellerie, in kleine Stücke geschnitten
150 g mageres Hackfleisch vom Rind
4 Hühnerlebern, fein gehackt
60 g Schinken, fein gehackt
Frisch gemahlener Pfeffer
100 g Mozzarella, in 1 cm große Würfel geschnitten
100 g Semmelbrösel
Olivenöl zum Frittieren

*Empfohlener Wein: ein trockener Weißwein (Frascati Superiore)*

# Supplì alla romana

## *Gefüllte Reisbällchen*

Die Steinpilze in eine kleine Schüssel mit Wasser geben und 20 Minuten einweichen lassen. • Das Wasser mit vier Tomaten, 100 g Butter und Salz in einen großen Topf füllen. Zum Kochen bringen. Den Reis hineingeben und unter häufigem Rühren garen. • Vom Herd nehmen und den Parmesan und die Eier einrühren. Die Mischung auf einem großen Teller verstreichen und abkühlen lassen. • In der Zwischenzeit die Pilze abtropfen lassen und grob hacken. In einer kleinen Pfanne die restliche Butter zerlassen und die Pilze mit Zwiebeln, Bleichsellerie, Rinderhack, Hühnerleber und Schinken bei mittlerer Hitze 4-5 Minuten braten. • Die noch übrige Tomate dazugeben und alles mit Salz und Pfeffer würzen. Zugedeckt bei schwacher Hitze 20 Minuten einkochen lassen. Häufig umrühren, damit die Sauce nicht am Topfboden haften bleibt. • Mit einem Esslöffel etwas Reismischung vom Teller nehmen und eine etwa eigroße Kugel formen. Eine Mulde in die Kugel drücken und mit Fleischsauce und 1-2 Mozzarellawürfeln füllen. Die Öffnung mit etwas Reismischung verschließen. Die gefüllte Reiskugel in den Semmelbröseln wälzen und auf einen Teller setzen. Den Vorgang wiederholen, bis Reismischung, Sauce und Käse verbraucht sind. • In einer großen Pfanne das Öl erhitzen, bis es sehr heiß ist, sich aber noch kein Rauch bildet. Die Reisbällchen rundum goldbraun frittieren. • Auf Küchenpapier kurz abtropfen lassen und sofort servieren.

**Das Gericht hat weniger Kalorien, wenn immer nur 5–6 Reisbällchen auf einmal frittiert werden. Auf diese Weise sinkt die Temperatur des Öls nicht so stark und die Bällchen nehmen weniger Fett auf. *Supplì* sind eine eher gehaltvolle Vorspeise und können daher auch als erster Gang serviert werden – mit einem Salat sogar als Hauptgang.**

*Für 4 Personen*
*Vorbereitungszeit: 20 Minuten*
*+ 2 Monate Aufbewahrung*
*Garzeit: 10 Minuten*
*Schwierigkeitsgrad: einfach*

8-12 frische junge Artischocken
Frisch gepresster Saft von 1 Zitrone
2 l kaltes Wasser
8 EL Weißweinessig
Salz nach Geschmack
Natives Olivenöl extra

*Empfohlener Wein: ein leichter trockener Weißwein (Colli Albani Secco)*

# Carciofini sott'olio

## *Artischocken in Öl*

Den oberen Teil der Artischocken und den Stiel abschneiden. Alle harten äußeren Blätter entfernen, so dass nur die hellen, zarten Herzen übrig bleiben. Das Heu im Innern entfernen. Den Zitronensaft in eine Schüssel mit kaltem Wasser gießen. Die Artischockenherzen hineingeben und 15 Minuten stehen lassen. • In einem großen Topf Wasser, Essig und Salz zum Kochen bringen. Die Artischocken abtropfen lassen und in den Topf geben. 10 Minuten garen. • Die Artischocken abgießen und mit Küchenpapier sorgfältig trockentupfen. In saubere Einmachgläser füllen und mit Öl bedecken. Die Gläser gut verschließen und an einem kühlen, dunklen Ort mindestens 2 Monate bis zum Servieren aufbewahren.

**Die eingelegten Artischocken sind eine perfekte Vorspeise. Sie passen aber auch zu einer Auswahl verschiedener Salamisorten und geräuchertem, luftgetrocknetem oder gekochtem Schinken.**

# Fave con pecorino

## *Dicke Bohnen mit Schafskäse*

*Für 6-8 Personen*
*Vorbereitungszeit: 5 Minuten*
*Garzeit: keine*
*Schwierigkeitsgrad: einfach*

2 kg frische Dicke Bohnen in Schoten
250-350 g Pecorino (vorzugsweise römischer Schafskäse)

*Empfohlener Wein: ein trockener aromatischer Weißwein (Bianco Capena)*

Die Bohnen gründlich unter fließendem kaltem Wasser waschen. Auf einem Geschirrtuch gut abtropfen lassen. Trockene, welke oder fleckige Schoten aussortieren. Auf einer schönen Servierplatte anrichten. • Dazu den Pecorino entweder in Würfel geschnitten oder am Stück servieren.

**Dicke Bohnen kommen in Italien mit Frühlingsbeginn auf den Markt. In diesen Wochen sind sie besonders frisch und in vielen Trattorien und Küchen fester Bestandteil des Speiseplans. Sie eignen sich auch vorzüglich als Abschluss eines Essens.**

*Für 4 Personen*
*Vorbereitungszeit: 10 Minuten*
*+ 1 Stunde Ruhezeit*
*Garzeit: 15 Minuten*
*Schwierigkeitsgrad: relativ einfach*

4 große, dünn geschnittene Scheiben Mischbrot
Frisch gemahlener schwarzer Pfeffer
350 g Mozzarella, in Scheiben geschnitten
4 Sardellenfilets, in kleine Stücke zerteilt (nach Belieben)
200 ml Milch
Mehl zum Bestäuben
2 Eier
1 Prise Salz
250-500 ml Olivenöl zum Frittieren

*Empfohlener Wein: ein trockener Weißwein (Orvieto)*

**Diese deftige Vorspeise eignet sich auch ideal als herzhafter Imbiss oder für ein leichtes Mittagessen.**

# Pandorato ripieno

## *Frittierte Mozzarella-Sandwiches*

Die Ränder vom Brot abschneiden und jede Scheibe halbieren oder vierteln. Mit Pfeffer bestreuen. • Die Hälfte der Brotscheiben mit Mozzarella und (nach Belieben) mit Sardellen belegen und mit den übrigen Scheiben bedecken, so dass Sandwiches entstehen. • Die Sandwiches kurz in Milch tauchen, dann rundum mit Mehl bestäuben und auf einen großen Teller legen. • Die Eier mit dem Salz verrühren und über die Sandwiches geben. 1 Stunde stehen lassen, bis das Brot das Ei ganz aufgesogen hat. • Das Öl in einer großen Pfanne erhitzen, bis es sehr heiß ist, sich aber noch kein Rauch bildet. Die Sandwiches darin portionsweise von beiden Seiten goldbraun frittieren. Auf Küchenpapier abtropfen lassen. • Heiß servieren.

# Latiums Weine

Die Weinbautradition Latiums ist vermutlich die älteste der Welt. Bereits die Etrusker, die die Region um 800 v. Chr. bewohnten, waren erfahrene Weinhändler. Die Römer führten diese Tradition fort, und in der Blütezeit des römischen Imperiums wurden große Mengen des regionalen Weins konsumiert. Mit Wasser verdünnter Wein war das verbreitetste Getränk jener Zeit, das auch zu jeder Mahlzeit auf dem Tisch stand. In der Renaissance wussten die Päpste regionalen wie importierten Wein gleichermaßen zu schätzen. Heutzutage ist Latium besonders für seine Weißweine berühmt, die vor allem aus dem Albanischen Hügelgebiet und Aprilia bei Rom stammen. Weiter nördlich, um den wunderschönen Bolsena See werden ebenfalls hervorragende Weißweine erzeugt und an der Küste bei Cerveteri einige der besten Rotweine der Region.

*Rom wird zu drei Seiten von den Albanischen Hügeln umschlossen, aus deren sechs DOC-Anbaugebieten der meiste Weißwein Latiums stammt. Die nördlichen Hügel sind als Castelli Romani, die zentralen und südlichen als Colli Albani bekannt. Frascati, Colli Albani, Velletri und Zagarolo heißen die berühmtesten Weine des Gebiets. Der Est! Est! Est! di Montefiascone erhielt seinen Namen von dem Boten eines deutschen Prälaten, der die besten Weine mit Est! kennzeichnen sollte. Dieser war so gut, dass er gleich drei erhielt!*

*Früher brachte man die Weine von den Albanischen Hügeln mit Pferdewagen nach Rom. Zahlreiche Geschichten beschreiben die Gefahren und Vergnügen solcher Fahrten und einige Gerichte der*

*römischen Küche sind sogar jenen zuverlässigen Fuhrleuten gewidmet.*

*Die besten Rotweine Latiums werden an der Küste bei Cerveteri produziert. Die Region Ciociara östlich der Albanischen Hügel ist ebenfalls für ihre Rotweine bekannt.*

*Auch Latium verfügt über Spumante und süßen Dessertwein. Aleatico di Gradoli, der an Portwein erinnert, ist der älteste regionale Dessertwein. Aufgrund der hohen Nachfrage werden in der gesamten Region außerdem viele Perlweine produziert.*

*Herrliche Schlösser schmücken die Hügel der Castelli Romani. Viele davon gehören Weinbauern und dienen als Weingüter, wie etwa die Villa Aldobrandini bei Frascati (unten).*

*Für 4-6 Personen*
*Vorbereitungszeit: 5 Minuten*
*Garzeit: 25 Minuten*
*Schwierigkeitsgrad: einfach*

3 Eier
Salz nach Geschmack
150 g Mehl
100 ml lauwarme Milch
3-4 EL Butter oder natives Olivenöl extra
125 g römischer Pecorino, frisch gerieben

*Empfohlener Wein: ein trockener Weißwein (Orvieto)*

# Pizzacce

## *Pfannkuchen mit Schafskäse*

Die Eier verquirlen und mit Salz würzen. • Zunächst das Mehl, dann die Milch unterrühren, bis ein glatter Teig entsteht. Die Konsistenz sollte etwa einem Pfannkuchenteig entsprechen. Wenn nötig, noch etwas Milch oder Mehl hinzufügen. • In einer kleinen Pfanne die Butter oder das Öl sehr heiß werden lassen. 1-2 EL Teig hineingeben und die Pfanne schwenken, damit der Teig sich gleichmäßig verteilt. Den Pfannkuchen von einer Seite goldbraun backen, dann wenden und von der anderen Seite bräunen. Den Vorgang wiederholen, bis der ganze Teig aufgebraucht ist. • Die Pfannkuchen mit Pecorino bestreuen und heiß servieren.

**Diese herzhaften Pfannkuchen sind in Rom bei Groß und Klein gleichermaßen beliebt.**

# Pizzacce di Rieti

## *Überbackene Pfannkuchen mit Fleischsauce*

Die Fleischsauce zubereiten. • Die *Pizzacce* backen. • Die Pfannkuchen locker einrollen und nebeneinander in eine Auflaufform legen. Die Sauce darüber verteilen und mit Pecorino bestreuen. Nach Belieben mit Cayennepfeffer würzen. • Im vorgeheizten Ofen bei 200 °C (Umluft 180 °C) in 10 Minuten überbacken, so dass der Käse eine helle, goldbraune Kruste bildet. • Heiß servieren.

*Für 4-6 Personen*
*Vorbereitungszeit: 5 Minuten + Zeit für die Zubereitung von Fleischsauce und Pfannkuchen*
*Garzeit: 10 Minuten*
*Schwierigkeitsgrad: einfach*

1 Portion Fleischsauce (s. Rezept S. 48)
1 Portion *Pizzacce* (Pfannkuchen, s. Rezept auf der gegenüberliegenden Seite)
150 g römischer Pecorino, frisch gerieben
1 Messerspitze Cayennepfeffer (nach Belieben)

*Empfohlener Wein: ein trockener Rotwein (Velletri Rosso Secco)*

**Im Winter sind diese Pfannkuchen eine wunderbar wärmende Vorspeise. Da sie recht sättigend sind, kann der erste Gang danach ruhig ausfallen.**

# Fiori di zucca farciti

## *Gefüllte Zucchiniblüten*

Die Blüten vorsichtig unter fließendem kaltem Wasser waschen. Die Stiele abschneiden und die Blüten behutsam mit Küchenpapier trockentupfen. • Die Sardellen in einer Schüssel mit den Semmelbröseln vermischen. Petersilie, 1 Ei sowie Salz und Pfeffer nach Geschmack dazugeben (vorsichtig salzen, da die Sardellen bereits sehr salzig sind). Alles gut verrühren. • Die Blüten behutsam mit der Mischung füllen. • Die übrigen Eier verquirlen und in eine flache Schüssel gießen. Das Mehl in eine zweite flache Schüssel geben. Die gefüllten Blüten zuerst in Mehl wälzen, dann in Ei wenden. • In einer großen Pfanne das Öl sehr heiß werden lassen (es darf sich aber noch kein Rauch bilden). Jeweils 5-6 Zucchiniblüten hineingeben und rundum goldbraun frittieren. Auf Küchenpapier abtropfen lassen. Den Vorgang wiederholen, bis alle Blüten frittiert sind. Nach Belieben mit etwas Salz bestreuen. • Die gefüllten Zucchiniblüten sofort servieren.

*Für 4 Personen*
*Vorbereitungszeit: 10 Minuten*
*Garzeit: 20 Minuten*
*Schwierigkeitsgrad: relativ einfach*

20 frische Zucchiniblüten
6 Sardellenfilets, in kleine Stücke zerteilt
125 g Semmelbrösel
1 EL fein gehackte frische Petersilie
3 Eier
Salz nach Geschmack
Frisch gemahlener schwarzer Pfeffer
100 g Mehl
Olivenöl zum Frittieren

*Empfohlener Wein: ein trockener fruchtiger Weißwein (Colli Albani Secco)*

**Die Sardellen geben diesem Gericht das gewisse Etwas. Wer sie nicht mag, kann sie aber genauso gut weglassen. Die Zucchiniblüten schmecken dann sehr viel milder, aber nicht weniger delikat.**

# Primi piatti



Neben zahlreichen Pastagerichten bietet die römische Küche eine Vielfalt an Spezialitäten, die sich für den ersten Gang nach der Vorspeise eignen. Aus Rom stammen auch die *bucatini*, eine dicke, innen hohle Spaghettisorte, die man meist *all'amatriciana* serviert – mit einer scharfen Tomatensauce, die nach einer Stadt in den Hügeln vor Rom benannt ist. Ebenso beliebt sind *Spaghetti alla carbonara* mit Ei und Schinken sowie die köstlichen Suppen mit feinen Einlagen. In Latium wird kein Reis angebaut, doch bei besonderen Gelegenheiten reicht man gerne den *Timbalo del papa* (den „päpstlichen“ Reisring).

# Bucatini all'amatriciana

## *Bucatini mit scharfer Sauce*

*Für 4 Personen*
*Vorbereitungszeit: 10 Minuten*
*Garzeit: 25 Minuten*
*Schwierigkeitsgrad: einfach*

In einer Pfanne das Öl erhitzen, die gewürfelte *pancetta* hineingeben und 2–3 Minuten anbraten. Die zerstoßene Chilischote und (nach Belieben) die Zwiebel dazugeben und 2-3 Minuten braten. • Den Wein angießen und in 2–3 Minuten einkochen lassen. Mit Salz und Pfeffer würzen. • Die Tomaten hinzufügen und bei mittlerer Hitze etwa 15 Minuten garen, bis die Flüssigkeit eingekocht ist. • In einem großen Topf kaltes Wasser erhitzen. Sobald es kocht, das grobe Meersalz und die *bucatini* hineingeben und in der angegebenen Zeit (siehe Packung) bissfest garen. • Die Pasta abgießen und in eine große, vorgewärmte Servierschüssel füllen. Die Sauce darübergeben und mit Käse bestreuen. Alles gut vermischen und servieren.

2 EL natives Olivenöl extra
150 g magerer Speck (*pancetta*), in Würfel geschnitten
$^1/_2$ TL zerstoßene getrocknete Chilischote
1 Zwiebel, fein gehackt (nach Belieben)
50 ml trockener Weißwein
Salz nach Geschmack
Frisch gemahlener schwarzer Pfeffer
500 g reife Tomaten, enthäutet, vom Stielansatz befreit und in kleine Würfel geschnitten
2 EL grobes Meersalz
450 g *bucatini* (dicke, hohle Spaghetti)
4 EL frisch geriebener Pecorino

*Empfohlener Wein: ein trockener Weißwein (Frascati Secco)*

**Dieses Rezept stammt aus Amatrice, einer hübschen Stadt in den Hügeln vor Rom.**

# Spaghetti alla puttanesca

## *Scharfwürzige Spaghetti*

*Für 4 Personen*
*Vorbereitungszeit: 10 Minuten*
*Garzeit: 25 Minuten*
*Schwierigkeitsgrad: einfach*

2 EL natives Olivenöl extra
2 ganze Knoblauchzehen, geschält
1/2 TL zerstoßene getrocknete Chilischote
4 Sardellenfilets (nach Belieben)
250 g schwarze Oliven, davon 200 g entsteint und fein gehackt
20 g Kapern
500 g reife Tomaten, enthäutet, vom Stielansatz befreit und in Würfel geschnitten
Salz nach Geschmack
Frisch gemahlener schwarzer Pfeffer nach Geschmack
2 EL grobes Meersalz
450 g Spaghetti

*Empfohlener Wein: ein trockener Weißwein (Castelli Romani)*

In einem großen Topf kaltes Wasser zum Kochen bringen. • Das Öl in einer Pfanne erhitzen, den Knoblauch mit der zerstoßenen Chilischote hineingeben und bei mittlerer Hitze braten. Sobald sie hellbraun werden, die Knoblauchzehen herausnehmen und wegwerfen. Nach Belieben die Sardellen in die Pfanne geben und verrühren, bis sie sich mit dem Öl verbinden. • Zunächst Oliven und Kapern hinzufügen, dann die Tomaten. Mit Salz und Pfeffer würzen (zuvor probieren, da sowohl die Sardellen als auch die Oliven bereits reichlich Salz enthalten). Bei schwacher bis mittlerer Hitze die Flüssigkeit in 15 Minuten einkochen lassen. • Sobald das Wasser kocht, zunächst das grobe Meersalz, dann die Spaghetti hineingeben und in der angegebenen Zeit (siehe Packung) bissfest garen. • Die Pasta abgießen und in eine große, vorgewärmte Servierschüssel füllen. Die Sauce darübergeben, alles gut vermischen und servieren.

**Dieses feurige Gericht hat seinen Namen von dem nicht sehr feinen italienischen Wort „puttana", das Frauen bezeichnet, die dem ältesten Gewerbe der Welt nachgehen. Die Sardellen sind fester Bestandteil des klassischen Rezepts, können aber, da sie nicht jedermanns Sache sind, auch weggelassen werden.**

*Für 4 Personen*
*Vorbereitungszeit: 5 Minuten*
*Garzeit: 15 Minuten*
*Schwierigkeitsgrad: einfach*

1 EL natives Olivenöl extra
150 g geräucherte *pancetta* (magerer Speck), in Würfel geschnitten
1 ganze Knoblauchzehe, leicht zerdrückt
2 EL grobes Meersalz
450 g Spaghetti
5 Eier
50 ml süße Sahne (nach Belieben)
Salz nach Geschmack
4 EL frisch geriebener Parmesan
4 EL frisch geriebener Pecorino
Frisch gemahlener schwarzer Pfeffer

*Empfohlener Wein: ein leichter trockener Rosé (Castelli Romani Rosato)*

# Spaghetti alla carbonara

## *Spaghetti mit Ei-Schinken-Sauce*

In einem großen Topf kaltes Wasser zum Kochen bringen. • In einer großen Pfanne das Öl erhitzen, *pancetta* und Knoblauch hineingeben und anbraten. Die Knoblauchzehe herausnehmen, wenn sie hellbraun ist und wegwerfen. • Sobald das Wasser kocht, zunächst grobes Meersalz, dann die Spaghetti hineingeben und in der angegebenen Zeit (siehe Packung) bissfest garen. • In der Zwischenzeit in einer großen feuerfesten Schüssel die Eier und (nach Belieben) die Sahne mit einer Prise Salz, den zwei Sorten Käse und reichlich frisch gemahlenem Pfeffer verrühren. • Die Spaghetti abgießen und gut abtropfen lassen, in die Schüssel mit der Eiermischung geben und gründlich vermischen. Die Speckwürfel hinzufügen und alles bei niedriger Temperatur 2 Minuten unter ständigem Wenden garen. Sofort servieren.

**Angeblich ist dieses Gericht in den letzten Tagen des Zweiten Weltkriegs entstanden, als die amerikanischen Truppen Rom erreichten und große Vorräte an Eiern und Schinken mitbrachten. Findige Köche bereiteten daraus *Spaghetti alla carbonara*, die in Rom längst ein echter Klassiker geworden sind.**

# Spaghetti aglio e olio

## *Spaghetti mit Knoblauch und Öl*

*Für 4 Personen*
*Vorbereitungszeit: 5 Minuten*
*Garzeit: 15 Minuten*
*Schwierigkeitsgrad: einfach*

125 ml natives Olivenöl extra
5 Knoblauchzehen, gehackt
2 EL grobes Meersalz
450 g Spaghetti
Salz nach Geschmack
Frisch gemahlener schwarzer Pfeffer

*Empfohlener Wein: ein trockener fruchtiger Weißwein (Colli Albani Secco)*

In einem großen Topf kaltes Wasser zum Kochen bringen. • Das Öl in einer großen Pfanne heiß werden lassen, den Knoblauch hineingeben und braten, bis er hellbraun wird. • Sobald das Wasser kocht, zunächst das grobe Meersalz, dann die Spaghetti hineingeben und in der angegebenen Zeit (siehe Packung) bissfest garen. • Die Spaghetti abgießen und gut abtropfen lassen. In der Pfanne mit dem Öl und dem Knoblauch bei schwacher Hitze 1 Minuten wenden. Mit Salz und Pfeffer würzen und heiß servieren.

**Diesem Gericht kann auch ½ TL zerstoßene getrocknete Chilischote zugefügt werden.**

*Für 6 Personen*
*Vorbereitungszeit: 10 Minuten*
*Garzeit: 50 Minuten*
*Schwierigkeitsgrad: relativ einfach*

3 EL Schweineschmalz oder Butter
1 Zwiebel, fein gehackt
1 Stange Bleichsellerie, in kleine Stücke geschnitten
1 kleine Möhre, fein geraspelt
2 EL fein gehackte frische Petersilie
1 EL Tomatenmark, mit 125 ml kaltem Wasser verrührt
300 g *soppressa* oder eine andere italienische Wurst
2,70 l kaltes Wasser
1 EL grobes Meersalz
500 g feiner Maisgrieß (Polenta)
Salz nach Geschmack

*Empfohlener Wein: ein junger, kräftiger Rotwein (Sangiovese di Aprilia)*

**Polenta stammt ursprünglich aus Norditalien, ist aber heute im ganzen Land verbreitet. Dieses Rezept erfreut sich in Latium vor allem im Winter großer Beliebtheit.**

# Polenta sulla spianatoia

## *Polenta mit Wurstsauce*

In einer Pfanne Schmalz oder Butter zerlassen. Zwiebel, Bleichsellerie, Möhre und Petersilie hineingeben und alles bei mittlerer Hitze weich braten. • Das Tomatenmark mit dem Wasser dazugießen und alles zugedeckt bei schwacher bis mittlerer Hitze 30 Minuten garen. • Die Wurst häuten und grob hacken. In die Pfanne zu dem Gemüse geben und 15 Minuten mitgaren. • In der Zwischenzeit die Polenta zubereiten: Dafür in einem großen Topf das Wasser mit dem Meersalz zum Kochen bringen. Die Polenta langsam in das sprudelnd kochende Wasser einrieseln lassen und dabei die ganze Zeit kräftig rühren, damit sich keine Klümpchen bilden. • Bei schwacher Hitze unter ständigem Rühren 40 Minuten köcheln lassen. • Die fertige Polenta auf ein Polentabrett (oder einen großen Servierteller) geben, die Sauce mit Salz abschmecken und darüber verteilen. • Heiß servieren.

# Pecorino und Ricotta

*Diese Miniatur aus dem 15. Jahrhundert zeigt die Herstellung von Ricotta im späten Mittelalter. In der zweiten Hälfte des 20. Jahrhunderts entwickelte sich die Käseproduktion, die zuvor hauptsächlich den Bauernhöfen überlassen war, zu einem blühenden regionalen Industriezweig. Die Milch vieler Höfe wird nun in Farbriken zu großen Mengen hochwertigen Käses verarbeitet, der für den italienischen Markt und zum Export bestimmt ist.*

Rom wurde im 8. Jahrhundert v. Chr. von Hirten gegründet und darum ist die Käseherstellung auch ein traditionsreiches Element der römischen Küche. In alten römischen Schriften wird von verschiedenen Käsesorten berichtet, etwa aus Vestino, Trebula und Luni, sowie von einem geräucherten Käse aus Velabrum – allesamt Regionen des alten Latiums. Früher war der Käse ein wichtiger Proteinlieferant, denn Fleisch konnten sich die meisten nicht leisten. Käse wurde im alten Rom überwiegend aus Schafs- oder Ziegenmilch hergestellt und warm serviert. Für pikante Pasteten vermischte man Käse mit zerstoßenem Weizen und Wasser, und mit Kräutern und Knoblauch bestrich man damit Brot für eine Art „Urform" von focaccia. Auch heute noch ist Latium eine wichtige Region für die Käseproduktion. Pecorino romano aus Schafsmilch ist der vielleicht bekannteste Käse der Gegend und eine bedeutende Exportware. Frischer, cremiger Ricotta aus Schafskäse ist die zweite regionale Spezialität, obwohl hier auch noch eine Reihe anderer Käsesorten hergestellt wird, etwa Caciotta, Caciottone und Provatura.

*Ein typisches Bild der Landschaft Latiums: Olivenhaine mit zahlreichen Schafen. Ihre Milch dient zur Herstellung von Ricotta und Pecorino.*

*Die traditionellen Formen für Pecorino Romano weisen ein spezielles Zeichen auf (rechts), das die Herstellung in der staatlich festgelegten Region belegt. Zu dieser Region gehören heute die Provinzen Forsinone, Latina, Roma und Viterbo sowie Teile der südlichen Toskana und die Insel Sardinien.*

*Nach dem Untergang des römischen Imperiums führte Franz von Assisi die Kunst der Ricottaherstellung wieder in Latium ein. Zwar wird dieser Käse in ganz Italien produziert, doch ist die römische Variante etwas trockener und fester.*

*Pecorino romano ist ein salzig-aromatischer Hartkäse. Nach einer langen Reifezeit eignet er sich ideal zum Reiben, jüngeren Pecorino reicht man dagegen gern als Tafelkäse. Die schweren Laibe (sie wiegen jeweils etwa 25 kg) werden jedes Jahr von Oktober bis Juli hergestellt und reifen zwischen vier bis zwölf Monate.*

*Verschiedene Formen mit Ricotta und Pecorino, die man frisch verzehrt (Ricotta ist ein Frischkäse und schmeckt wenige Tage nach der Herstellung am besten) oder reifen lässt.*

# Fettuccine alla romana

## *Bandnudeln mit Hühnerleber*

*Für 4 Personen*
*Vorbereitungszeit: 20 Minuten (wird selbst gemachte Pasta verwendet, zusätzlich Zeit zum Herstellen der Fettuccine)*
*Garzeit: 25 Minuten*
*Schwierigkeitsgrad: einfach*

450 g frisch zubereitete oder fertig gekaufte Tagliatelle (Pastarezept s. S. 49)

Für die Sauce:
15 g getrocknete Steinpilze
50 g Schweinefett
1 kleine Zwiebel, fein gehackt
1 Knoblauchzehe, fein gehackt
400 g Tomaten, enthäutet, vom Stielansatz befreit (ersatzweise Dosentomaten)
Salz nach Geschmack
Frisch gemahlener schwarzer Pfeffer
60 g Butter
250 g Hühnerlebern, gesäubert, Häutchen entfernt, grob gehackt
60 ml trockener Weißwein
125 ml Gemüsebrühe
2 EL grobes Meersalz
4 EL frisch geriebener Pecorino

*Empfohlener Wein: ein trockener Rotwein (Sangiovese)*

Die Fettuccine zubereiten (wenn frische Pasta verwendet werden soll). • In einem großen Topf kaltes Wasser zum Kochen bringen. • Die Steinpilze in eine kleine Schüssel mit lauwarmem Wasser geben und 15 Minuten einweichen lassen. • Das Schweinefett in einer Pfanne bei mittlerer Hitze zerlassen. Zwiebel und Knoblauch hineingeben und braten. • Die Pilze abgießen, abtropfen lassen und mit den Tomaten in die Pfanne geben. Mit Salz und Pfeffer würzen. Die Sauce bei mittlerer Hitze 15 Minuten einkochen lassen. • In einem kleinen Topf mit schwerem Boden die Butter zerlassen, die Hühnerleber hineingeben und bei mittlerer Hitze 4–5 Minuten braten. Den Wein angießen und einkochen lassen. • Die Brühe dazugießen und die Hühnerleber zugedeckt bei niedriger Temperatur in etwa 15 Minuten fertig garen. • Die Hühnerleber zur Tomatensauce geben. • Sobald das Wasser kocht, das grobe Meersalz hineingeben, dann die Fettuccine hinzufügen. Selbst gemachte Pasta in 3-5 Minuten garen, bei fertig gekaufter Pasta die auf der Packung angegebene Zeit beachten. • Die Fettuccine abgießen und in eine vorgewärmte Servierschüssel füllen. Die Sauce darüber geben und alles 1-2 Minuten gut durchmischen. • Mit Käse bestreuen und sofort servieren.

**Die selbst gemachten Fettuccine in etwa 1 cm breite Streifen schneiden.**

# Spaghetti cacio e pepe

## *Spaghetti mit Käse und Pfeffer*

*Für 4 Personen*
*Vorbereitungszeit: 5 Minuten*
*Garzeit: 10 Minuten*
*Schwierigkeitsgrad: einfach*

450 g Spaghetti
2 EL grobes Meersalz
150 g Pecorino, frisch gerieben
Frisch gemahlener schwarzer Pfeffer

*Empfohlener Wein: ein junger trockener Rotwein (Frascati Novello)*

In einem großen Topf kaltes Wasser zum Kochen bringen. • Sobald das Wasser kocht, zunächst das grobe Meersalz, dann die Spaghetti hineingeben und in der angegebenen Zeit (siehe Packung) bissfest garen. • Die gegarte Pasta abgießen, dabei etwas Kochwasser zurückbehalten. Das Wasser lässt den Käse besser schmelzen und verhindert, dass die Pasta klebt. • Die Spaghetti in eine große vorgewärmte Schüssel füllen und mit Pecorino bestreuen. Mit reichlich Pfeffer würzen und 1-2 Minuten gründlich durchmischen. • Sofort servieren.

# Spaghetti al tonno

## *Spaghetti mit Thunfisch-Sauce*

*Für 4 Personen*
*Vorbereitungszeit: 10 Minuten*
*Garzeit: 15 Minuten*
*Schwierigkeitsgrad: einfach*

4 EL natives Olivenöl extra
2 Knoblauchzehen, fein gehackt
2 EL fein gehackte frische Petersilie
6 große, reife Tomaten, enthäutet, vom Stielansatz befreit und in Würfel geschnitten
Salz nach Geschmack
Frisch gemahlener schwarzer Pfeffer
2 EL grobes Meersalz
450 g Spaghetti
250 g Thunfisch in Öl, abgetropft und zerkleinert

In einem großen Topf kaltes Wasser zum Kochen bringen. • Das Öl in einer großen Pfanne erhitzen, Knoblauch und Petersilie hineingeben und bei mittlerer Temperatur 3–4 Minuten braten. • Die Tomaten dazugeben, mit Salz und Pfeffer würzen und 15 Minuten einkochen lassen. • Sobald das Wasser kocht, zunächst das grobe Meersalz, dann die Spaghetti hineingeben und in der angegebenen Zeit (siehe Packung) bissfest garen. • Den Thunfisch in die Pfanne geben und mit der Tomatensauce vermischen. Vom Herd nehmen. • Die gegarte Pasta abgießen, abtropfen lassen und in eine große vorgewärmte Servierschüssel füllen. Die Tomaten-Thunfisch-Sauce darüber geben und alles 1–2 Minuten gründlich durchmischen. • Sofort servieren.

*Empfohlener Wein: ein trockener Weißwein (Vignanello Bianco Secco)*

**Diese köstliche Sauce lässt sich ganz leicht zubereiten und passt ausgezeichnet zu Spaghetti. Auch mit den noch dünneren Spaghettini harmonisiert sie auf das Beste.**

# Tagliatelle con prosciutto e piselli

## *Bandnudeln mit Schinken und Erbsen*

Die Tagliatelle zubereiten (wenn frische Pasta verwendet werden soll). • In einem großen Topf kaltes Wasser zum Kochen bringen. • Die Erbsen in einem kleinen Topf in leicht gesalzenem Wasser gerade eben bissfest garen. Abgießen und beiseite stellen. • In einer Pfanne die Butter zerlassen, Zwiebel und Schinken hineingeben und 5 Minuten braten. • Die Erbsen in die Pfanne geben, mit Salz und Pfeffer würzen und 5 Minuten mitgaren. • Sobald das Wasser kocht, zunächst das grobe Meersalz, dann die Tagliatelle hineingeben und je nach Art der Pasta (frische Pasta benötigt eine wesentlich kürzere Garzeit als fertig gekaufte) in 5–7 Minuten bissfest garen. • Die Tagliatelle abgießen, abtropfen lassen und mit der Sauce in eine vorgewärmte Servierschüssel füllen. Mit Parmesan bestreuen und sofort servieren.

*Für 4 Personen*
*Vorbereitungszeit: 10 Minuten (bei selbst gemachter Pasta, zusätzlich Zeit zum Herstellen der Tagliatelle)*
*Garzeit: 20 Minuten*
*Schwierigkeitsgrad: einfach*

300 g frische oder Tiefkühlerbsen (Gewicht ohne Schoten)
Salz nach Geschmack
60 g Butter
1 kleine Zwiebel, fein gehackt
1 dicke Scheibe roher Schinken (125 g), in Würfel geschnitten
Frisch gemahlener schwarzer Pfeffer
2 EL grobes Meersalz
450 g Tagliatelle, selbst gemacht oder fertig gekauft (Pastarezept s. S. 49)
6 EL frisch geriebener Parmesan

*Empfohlener Wein: ein trockener Weißwein (Est! Est!! Est!!!)*

**Die Zubereitung selbst gemachter Pasta wird auf Seite 49 erklärt. Tagliatelle werden im Vergleich zu Fettuccine etwas schmaler geschnitten.**

# Timballo del papa

## „Päpstlicher" Reisring

*Für 4 Personen*
*Vorbereitungszeit: 15 Minuten*
*Garzeit: etwa 40 Minuten*
*Schwierigkeitsgrad: relativ einfach*

75 g Butter
1 mittelgroße Zwiebel, fein gehackt
300 g Hühnerlebern, gesäubert, von Häuten befreit, grob gehackt
60 ml trockener Weißwein
300 g Tomaten, enthäutet, vom Stielansatz befreit und in Würfel geschnitten (ersatzweise Dosentomaten)
Salz nach Geschmack
Frisch gemahlener schwarzer Pfeffer
400 g Reis
1 l heiße Fleischbrühe (selbst zubereitet oder aus Brühwürfeln)
4 EL frisch geriebener Parmesan

*Empfohlener Wein: ein trockener Rotwein (Cerveteri Rosso)*

In einer tiefen Pfanne 50 g Butter erhitzen, die Zwiebel hineingeben und braten, bis sie glasig wird. • Die Hühnerleber hinzufügen und braun anbraten. • Mit dem Wein ablöschen und garen, bis die Flüssigkeit eingekocht ist. Die Tomaten dazugeben und die Sauce weitere 15 Minuten einkochen lassen. Mit Salz und Pfeffer würzen. • Den Reis mit etwas Brühe hinzufügen. Unter ständigem Rühren den Reis bissfest garen, dabei immer wieder heiße Brühe nachgießen. • Die Pfanne vom Herd nehmen und den Parmesan unter den Reis mischen. • Mit der restlichen Butter das Innere einer Ringform einfetten. Den Reis in die Form füllen und gut andrücken. • Im vorgeheizten Backofen 10 Minuten bei 200 °C (Umluft 180 °C) backen. • Den Reisring auf eine vorgewärmte Platte stürzen und sofort servieren.

**Mit Ausnahme von ein oder zwei Gerichten mit Meerestieren wird in Latium kaum Reis gegessen. Wenn Reis eine Rolle spielt, dann in Suppen. Der etwas aufwendige „päpstliche" Reisring ist eine Spezialität für besondere Gelegenheiten.**

# Tiella con pesce

## *Süßsaure Tintenfischpastete*

Die Hefe in eine kleine Schüssel bröckeln, den Zucker und etwa 90 ml Wasser hinzufügen und alles verrühren, bis sich die Hefe aufgelöst hat. • 10 Minuten an einem warmen Ort stehen lassen, bis sich an der Oberfläche Schaum bildet. • Das Mehl mit dem Salz in eine große Rührschüssel sieben. In die Mitte eine Mulde drücken und die aufgelöste Hefe, das Öl und den größten Teil des restlichen Wassers hineingießen. • Mit einem Holzlöffel verrühren, bis das Mehl die Flüssigkeit ganz aufgenommen hat. Wenn nötig, noch etwas lauwarmes Wasser dazugießen. • Den Teig auf einer bemehlten Arbeitsfläche kneten, bis er weich und elastisch ist. • Den Teig zu einer Kugel formen und in eine große Schüssel legen. Mit einem auf die Hälfte gefalteten, sauberen Küchentuch bedecken und an einem warmen Ort etwa 1 Stunde gehen lassen, bis sich das Teigvolumen verdoppelt hat. Vor Zugluft schützen. • Den Teig auf einer bemehlten Arbeitsfläche nochmals kurz durchkneten. • In einer großen Pfanne Öl erhitzen und den Knoblauch 2–3 Minuten braten. Den Knoblauch herausnehmen und die Tintenfische hineingeben. Bei mittlerer Hitze 15 Minuten braten, dabei häufig umrühren. • Die übrigen Zutaten für die Füllung hinzufügen und 5 Minuten mitgaren. Mit Salz und Pfeffer würzen. • Knapp zwei Drittel des Teiges abnehmen, zu einer etwa 3 mm dünnen Platte ausrollen. Den Boden und den Rand einer Springform (Durchmesser 26 cm) mit der Teigplatte auskleiden. Den Teig am Rand etwas überlappen lassen. • Die Tintenfischmasse in die Form füllen. • Den restlichen Teig zu einer ebenfalls 3 mm dünnen Platte ausrollen und über die Tintenfischmasse legen. Den überlappenden Teigrand darüber legen, um die Pastete gut zu verschließen. • Im vorgeheizten Ofen 30 Minuten bei 200 °C (Umluft 180 °C) backen. • Noch heiß oder von Raumtemperatur servieren.

**Dieses ungewöhnliche süßsaure Gericht stammt aus Gaeta im südlichen Latium, wo der Einfluss der Küche des Mittleren Ostens am stärksten ist.**

*Für 4 Personen*
*Vorbereitungszeit: 30 Minuten*
*+ 1 Stunde Ruhezeit für den Teig*
*Garzeit: 1 Stunde*
*Schwierigkeitsgrad: relativ einfach*

Für den Teig:
15 g frische Hefe oder 1/2 Päckchen Trockenhefe
1 TL Zucker
175 ml lauwarmes Wasser
350 g Mehl, zusätzlich 2 EL Mehl
1-2 EL Salz (nach Geschmack)
2 1/2 EL natives Olivenöl extra

Für die Füllung:
4 EL natives Olivenöl extra
1 Knoblauchzehe
400 g küchenfertige Tintenfische (eventuell vom Händler vorbereiten lassen), grob gehackt
4 reife Tomaten, enthäutet, vom Stielansatz befreit und in Würfel geschnitten
200 g schwarze Oliven, entsteint
30 g Sultaninen
30 g Pinienkerne
30 g Kapern
Salz nach Geschmack
Frisch gemahlener schwarzer Pfeffer

*Empfohlener Wein: ein trockener, fruchtiger Weißwein (Cerveteri Bianco)*

# Grundrezepte

Aus Platzgründen wurden einige wichtige Grundrezepte auf diesen Seiten zusammengestellt. Die Tomatensauce ist ein echter Klassiker und passt zu Pasta, Reis, Kartoffeln und vielen anderen Gerichten. Noch pikanter schmeckt die Sauce mit einigen dünnen Streifen frischer Chilischote. Fleischsauce mit Gewürznelken ist eine alte römische Spezialität. Die Zubereitung ist etwas aufwendig und man behält ein großes Stück gegartes Fleisch zurück, aber die Mühe lohnt sich, denn die Sauce hat wirklich einen unvergleichlichen Geschmack. Das aufgeführte Rezept für Fleischbrühe ist für manche Gerichte unersetzlich, auch wenn man oft einen Brühwürfel verwenden kann. Den Abschluss bildet ein Rezept für selbst gemachte frische Pasta.

## TOMATENSAUCE

2 Knoblauchzehen, fein gehackt
1 mittelgroße Möhre, grob geraspelt
1 mittelgroße Zwiebel, fein gehackt
1 Stange Bleichsellerie, in kleine Stücke geschnitten
2 EL fein gehackte frische Petersilie
60 ml natives Olivenöl extra
500 g frische Tomaten, enthäutet, vom Stielansatz befreit und grob gehackt, ersatzweise Dosentomaten
Salz und frisch gemahlener schwarzer Pfeffer
6 frische Basilikumblätter, zerpflückt

Knoblauch, Möhre, Zwiebel, Sellerie und Petersilie 4–5 Minuten im Öl braten. • Die Tomaten hinzufügen, mit Salz und Pfeffer würzen und bei schwacher Hitze mindesten 45 Minuten köcheln lassen, bis die Sauce dickflüssig eingekocht ist. • Vom Herd nehmen, das Basilikum unterrühren und die Sauce servieren. • Für eine pikant-scharfe Sauce nach Geschmack Chilischoten dazugeben. • Die Sauce kann man in sterilisierten Gläsern aufbewahren. Große Mengen mindestens 1½ Stunden köcheln lassen.

## FLEISCHSAUCE MIT GEWÜRZNELKEN

750 g Kalbfleisch aus der Oberschale
100 g Schweineschmalz, gehackt
2 Knoblauchzehen, fein gehackt
Salz und frisch gemahlener schwarzer Pfeffer
8–10 Gewürznelken
1 mittelgroße Möhre, grob geraspelt
1 Stange Bleichsellerie, in kleine Stücke geschnitten
1 kleine Zwiebel, fein gehackt
2 EL fein gehackte frische Petersilie
125 ml trockener Weißwein
125 ml Tomaten aus der Dose, grob gehackt

Mit einem scharfen Messer 8–10 kleine Taschen in das Fleisch schneiden. 50 g Schweineschmalz, 1 Knoblauchzehe, Salz und Pfeffer vermischen, in die Taschen füllen und je 1 Gewürznelke hineinstecken. • Das Fleisch mit Küchengarn umwickeln und in einen hohen Topf legen. • Im restlichen Schweineschmalz den übrigen Knoblauch, Möhre, Sellerie, Zwiebel und Petersilie etwa 5 Minuten braten. Mit dem Wein zu dem Fleisch geben und alles bei mittlerer Hitze garen, bis der Wein eingekocht ist. • Die Tomaten hinzufügen, das Fleisch mit Wasser bedecken. Leicht zugedeckt kochen lassen, bis die Sauce eindickt. • Das Fleisch als Hauptgang servieren.

### FLEISCHBRÜHE

Diese Fleischbrühe lässt sich sehr gut einfrieren. Man kann also eine größere Menge herstellen, in kleinen Behältern einfrieren und nach Bedarf verwenden. Ergibt 1,5 Liter.

1½ kg Rindfleisch mit Knochen, aus Hals, Schulter, Brust und Keule
2 Möhren, 2 Zwiebeln
2 Stange Bleichsellerie
2 reife Tomaten
2 Knoblauchzehen
2 frische Petersilienzweige
1 getrocknetes Lorbeerblatt
Salz, Pfeffer

Fleisch, Gemüse und Kräuter in einen großen Topf geben und mit Wasser bedecken. Bei mittlerer Hitze zugedeckt zum Kochen bringen. Mit Salz und Pfeffer würzen. • Halb zugedeckt bei schwacher Hitze 3 Stunden kochen lassen. • Den Herd ausschalten und die Brühe abkühlen lassen. • Gemüse und Kräuter aus der abgekühlten Brühe entfernen. Das Fett an der Oberfläche abheben und wegwerfen.

### ZUTATEN FÜR EINFACHEN PASTATEIG

Für 4 großzügig bemessene Portionen Pasta benötigt man 400 g Mehl und 4 mittelgroße Eier. Das Mehl auf die Arbeitsfläche geben und eine Mulde in die Mitte drücken. Nacheinander die Eier hineingeben und nach und nach mit einer Gabel unter das Mehl arbeiten. Wenn die Mischung nicht mehr flüssig ist, mit den Händen einen glatten und feuchten, aber relativ festen Teig kneten.

Um die Konsistenz zu prüfen, einen Finger in den Teig drücken. Wenn beim Herausziehen kein Teig kleben bleibt, lässt er sich kneten. Ist der Teig zu feucht, etwas Mehl untermengen, ist er zu trocken, etwas Wasser hinzufügen. Den Teig zu einer Kugel formen.

### PASTATEIG KNETEN

Die Arbeitsfläche von Teigresten befreien und mit Mehl bestäuben. Den Pastateig daraufsetzen und mit den Handballen hin und her kneten. Den leicht auseinandergedrückten Teig um die Hälfte zusammenklappen, um ein Viertel drehen und den Vorgang wiederholen. Etwa 10 Minuten auf diese Weise kneten, bis ein elastischer Teig entstanden ist. Die Teigkugel auf einen Teller legen und mit einer gestürzten Schüssel bedecken. Mindestens 15–20 Minuten stehen lassen.

### PASTATEIG VON HAND AUSROLLEN

Die Teigkugel auf eine flache, saubere Arbeitsfläche legen und flachdrücken. Das Nudelholz in der Mitte ansetzen und den Teig mit vorsichtigem, aber festem Druck vom Körper weg ausrollen. Den Teig um ein Viertel drehen und den Vorgang wiederholen. Ist eine Teigplatte von 5 mm Dicke entstanden, den gegenüberliegenden Teigrand um das Nudelholz wickeln und den anderen Rand mit der Hand festhalten. Während der Teig auf das Nudelholz gewickelt wird, diesen vorsichtig auseinanderziehen. Den Teig wieder abrollen, um ein Viertel drehen und den Vorgang wiederholen. Den Teig aufrollen und auseinanderziehen, bis er durchscheinend ist.

### MIT DER MASCHINE

Den Teig in mehrere Stücke teilen und flachdrücken. Den größten Walzenabstand einstellen und die Teigstücke auswalzen. Den Walzenabstand um eine Stufe reduzieren und den Teig erneut durchdrehen. So lange wiederholen, bis alle Stücke bei geringstem Abstand ausgewalzt wurden.

# Gnocchi del giovedì

## *Kartoffelgnocchi*

*Für 4-6 Personen*
*Vorbereitungszeit: 20 Minuten*
*+ 1 Stunde Ruhezeit für den Teig*
*Garzeit: 25 Minuten*
*Schwierigkeitsgrad: relativ einfach*

1,5 kg Kartoffeln
125 g Mehl
Salz nach Geschmack
2 Eigelb
125 g Butter, zerlassen
125 g Parmesan, frisch gerieben, zusätzlich Parmesan zum Servieren

*Empfohlener Wein: ein trockener Weißwein (Frascati)*

Die Kartoffeln gründlich waschen und in der Schale in leicht gesalzenem, siedendem Wasser garen. • Die Kartoffeln schälen und zerdrücken. Mit dem Mehl und dem Salz vermischen. • Das Eigelb mit einer Gabel verschlagen. Zu der Kartoffelmasse geben und alles zu einem glatten Teig verarbeiten. • Eine Handvoll Teig abnehmen und mit den Händen auf einer leicht bemehlten Arbeitsfläche zu einer langen, 1 cm dicken Rolle formen. Mit einem scharfen Messer 2 cm lange Stücke abschneiden. Den Vorgang wiederholen, bis der ganze Teig aufgebraucht ist. Die Gnocchi zum Trocknen auf ein sauberes Geschirrtuch legen und mindestens 1 Stunde ruhen lassen. • In einem großen Topf Wasser mit etwas Salz zum Kochen bringen und die Gnocchi nach und nach (immer 30-40 Stück auf einmal) in den Topf geben. Wenn die Gnocchi an die Oberfläche steigen, noch etwa 2 Minuten schwimmen lassen, dann mit einem Schaumlöffel herausnehmen und in eine tiefe Servierschüssel geben. • Die fertigen Gnocchi mit der zerlassenen Butter beträufeln und mit Parmesan bestreuen. • Sofort servieren und zusätzlichen Parmesan dazu reichen.

**Diese kleinen Klößchen werden überall in Italien serviert. In Rom heißen sie „Donnerstagsklößchen“, weil sie immer donnerstags auf der Speisekarte stehen – warum, weiß niemand. 6-8 frische Salbeiblätter in der zerlassenen Butter sorgen für zusätzliches Aroma.**

*Für 4 Personen*
*Vorbereitungszeit: 10 Minuten*
*Garzeit: 1 Stunde*
*Schwierigkeitsgrad: relativ einfach*

1 l Milch
250 g Weizengrieß
Salz nach Geschmack
125 g Butter
2 Eigelb
125 g Parmesan, frisch gerieben, zusätzlich Parmesan zum Servieren
1 EL geriebener Greyerzer
Frisch gemahlener weißer Pfeffer

*Empfohlener Wein: ein leichter trockener Rosé (Frusinate Rosato)*

# Gnocchi alla romana

## *Gebackene Grießklößchen*

In einem großen Topf die Milch zum Kochen bringen. • Den Weizengrieß nach und nach einrieseln lassen, dabei ständig rühren, damit sich keine Klümpchen bilden. Unter ständigem Rühren 30 Minuten köcheln lassen, bis die Masse dick wird. • Vom Herd nehmen und mit Salz würzen. 60 g Butter, das Eigelb, 60 g Parmesan und den Greyerzer einrühren. • Die Masse 1 cm dick auf eine glatte, leicht bemehlte Arbeitsfläche streichen und auskühlen lassen. • Mit einem Glas runde Gnocchi ausstechen. Eine Auflaufform mit Butter einfetten. Die beim Ausstechen übrig gebliebenen Teigreste auf dem Boden der Form verteilen. Mit etwas Parmesan bestreuen. Die Gnocchi dachziegelartig in die Form schichten. • Die restliche Butter zerlassen und darüber träufeln. Mit dem restlichen Parmesan bestreuen und mit Pfeffer würzen. • Im vorgeheizten Ofen 30 Minuten bei 180 °C (Umluft 160 °C) goldbraun und knusprig backen. • Heiß servieren, dazu eine Schale mit geriebenem Parmesan reichen.

**Dieses Gericht kennt ganz Italien als „Gnocchi Römische Art", obwohl sein eigentlicher Ursprung vermutlich im Piemont liegt. Vor allem Kinder lieben diese Gnocchi sehr, was sie zu einem idealen Familienessen macht.**

# Penne alla ricotta

## *Penne mit Ricotta*

*Für 4 Personen*
*Vorbereitungszeit: 5 Minuten*
*Garzeit: 10 Minuten*
*Schwierigkeitsgrad: einfach*

175 ml süße Sahne
250 g ganz frischer Ricotta
1 EL Zucker
1 TL gemahlener Zimt
Salz nach Geschmack
Frisch gemahlener weißer Pfeffer
450 g Penne

*Empfohlener Wein: ein trockener fruchtiger Weißwein (Colli Albani)*

Die Sahne leicht erhitzen und mit Ricotta, Zucker, Zimt, etwas Salz und weißem Pfeffer in eine Schüssel geben. Die Zutaten mit einer Gabel zu einer glatten, geschmeidigen Creme verrühren. • In einem großen Topf Wasser mit Salz zum Kochen bringen, die Penne hineingeben und bissfest garen. Abgießen, gut abtropfen lassen und in eine vorgewärmte Servierschüssel füllen. Die Ricottacreme untermischen und die Penne sofort servieren.

**Dieses klassische süditalienische Gericht lässt sich einfach zubereiten, doch sollte man unbedingt ganz frischen Ricotta verwenden.**

# Zuppa di fave

## *Dicke-Bohnen-Suppe*

Die Bohnen in eine Schüssel geben, mit kaltem Wasser bedecken und 12 Stunden einweichen lassen. • Die Bohnen abgießen, abtropfen lassen und in einem Topf mit gesalzenem Wasser in etwa 1 Stunde weich garen. • In einem großen Topf (idealerweise aus Ton) das Öl erhitzen, *pancetta*, Zwiebel, Bleichsellerie, Möhre und Majoran (oder Petersilie) hineingeben und weich braten. • Die Tomaten hinzufügen und alles bei mittlerer Hitze 15 Minuten garen. • Den Schinken dazugeben und weitere 2-3 Minuten köcheln lassen. Mit Salz und Pfeffer würzen, dann die Bohnen und 1 Tasse heißes Wasser hinzufügen. Unter häufigem Rühren 10 Minuten köcheln lassen. • Das Brot rösten und in 4 Suppenteller jeweils eine halbe Scheibe Brot legen. Die Suppe darüber schöpfen und heiß servieren.

*Für 4 Personen*
*Vorbereitungszeit: 10 Minuten + 12 Stunden zum Einweichen der Bohnen*
*Garzeit: $1^1/_2$ Stunden*
*Schwierigkeitsgrad: relativ einfach*

350 g getrocknete Dicke Bohnen
Salz nach Geschmack
4 EL natives Olivenöl extra
60 g magerer Speck (*pancetta*), in Würfel geschnitten
1 kleine Zwiebel, fein gehackt
1 Stange Bleichsellerie, in kleine Stücke geschnitten
1 Möhre, fein geraspelt
2 EL fein gehackter frischer Majoran (ersatzweise frische Petersilie)
200 g Tomaten, enthäutet, vom Stielansatz befreit und gehackt (ersatzweise Dosentomaten)
125 g roher Schinken (*prosciutto*), in Würfel geschnitten
Frisch gemahlener schwarzer Pfeffer
2 große, dick geschnittene Scheiben Brot vom Vortag

*Empfohlener Wein: ein junger trockener Rotwein (Frascati Rosso)*

*Für 4 Personen*
*Vorbereitungszeit: 5 Minuten + Zeit für die Zubereitung der Brühe*
*Garzeit: 5 Minuten*
*Schwierigkeitsgrad: einfach*

1 1/2 l selbst zubereitete Fleischbrühe (s. Rezept S. 49)
5 Eier
Salz nach Geschmack
1 Messerspitze geriebene Muskatnuss
4 EL frisch geriebener Parmesan, zusätzlich Parmesan zum Servieren

*Empfohlener Wein: ein leichter trockener Weißwein (Castelli Romani)*

# Stracciatella alla romana

## *Fleischbrühe mit Eierflöckchen*

Die Brühe zubereiten oder erhitzen (falls tiefgekühlte Brühe verwendet wird). • Die Eier mit etwas Salz und Muskat schaumig schlagen. 4 EL Parmesan hinzufügen und die Mischung glatt rühren. • Sobald die Brühe kocht, die Eiermischung hineingießen. Bei mittlerer Hitze mit einer Gabel 3-4 Minuten kräftig rühren, bis das Ei zu stocken beginnt und sich kleine Flöckchen bilden. • Sofort servieren, dazu eine Schale Parmesan reichen.

**Dieses einfache, aber sättigende Gericht ist ein idealer erster Gang vor gegartem oder gebratenem Fleisch.**

# Minestra di broccoli

## *Brokkolisuppe mit Bandnudeln*

*Für 4 Personen*
*Vorbereitungszeit: 10 Minuten*
*Garzeit: 25 Minuten*
*Schwierigkeitsgrad: einfach*

500 g Brokkoli
2 EL natives Olivenöl extra
100 g Schweinefett, in Würfel geschnitten
2 Knoblauchzehen, fein gehackt
2 EL fein gehackte frische Petersilie
1 EL Tomatenmark, aufgelöst in 125 ml warmem Wasser
Salz nach Geschmack
Frisch gemahlener schwarzer Pfeffer
250 g Tagliatelle, in kleine Stücke gebrochen oder geschnitten
6 EL frisch geriebener Parmesan

Den Brokkoli waschen und den harten Teil der Stiele abschneiden. Brokkoli in Röschen zerteilen, Stiele in Würfel schneiden. • In einem großen, tiefen Topf das Öl heiß werden lassen, das Schweinefett, den Knoblauch und die Petersilie hineingeben und 4–5 Minuten braten. • Den Brokkoli hinzufügen und 5 Minuten mitbraten, dann das in Wasser gelöste Tomatenmark dazugießen. Mit Salz und Pfeffer würzen. Halb zugedeckt 15 Minuten köcheln lassen, bis der Brokkoli fast gar ist. • Die Tagliatelle hinzufügen und bissfest garen. • Dann den Herd ausschalten, aber den Topf noch 3–4 Minuten darauf stehen lassen. • Die Brokkolisuppe heiß servieren, dazu Parmesan reichen.

*Empfohlener Wein: ein leichter trockener Weißwein (Est! Est!! Est!!!)*

**Eine gesunde Wintersuppe, die der ganzen Familie schmeckt.**

# Secondi piatti



Bei über zwei Millionen Schafen in der Region spielt Lammfleisch natürlich eine wichtige Rolle in der Küche Latiums. Ob gebraten, gegrillt oder geschmort – in den römischen Trattorien erscheint Lamm jeden Tag auf der Speisekarte. Aber auch Huhn, Schwein, Kalb und Rind werden viel und gern gegessen. In dem Klassiker *Fritto misto* kommen alle Fleisch- und Gemüsesorten zu ihrem Recht. Entlang der Küste serviert man reichlich Fisch und Meeresfrüchte. Am häufigsten werden Meeräsche, Brasse, Barsch, Seezunge, Krabben und Garnelen verwendet.

# Pollo con peperoni

## *Huhn mit Paprikaschoten*

*Für 4 Personen*
*Vorbereitungszeit: 10 Minuten*
*Garzeit: 45 Minuten*
*Schwierigkeitsgrad: relativ einfach*

Das Hähnchen waschen und mit Küchenpapier trockentupfen. In 8 Stücke teilen. • In einer Pfanne 2 EL Öl erhitzen, den Knoblauch hineingeben und 2–3 Minuten braten. Die Tomaten dazugeben. Mit Salz und Pfeffer würzen und alles bei schwacher Hitze 15 Minuten köcheln lassen, bis die Flüssigkeit eingekocht ist. • Die Paprikaschoten waschen, Stielansätze, Samen und Scheidewände entfernen. Die Schoten in Viertel schneiden und unter den Grill legen, bis sich die Haut schwarz färbt. Die verbrannte Haut mit den Fingern abziehen. Die Paprikaschoten abspülen und trockentupfen. In schmale Streifen schneiden. • Das restliche Öl in einer großen Pfanne heiß werden lassen und die Hähnchenteile darin anbraten. Mit Salz und Pfeffer würzen und mit Wein ablöschen. Bei mittlerer Hitze weitere 15 Minuten garen. • Tomatensauce und Paprikaschoten hinzufügen und alles nochmals 10 Minuten köcheln lassen. • Heiß servieren.

1 Brathähnchen (etwa 1 kg), küchenfertig
8 EL natives Olivenöl extra
3 Knoblauchzehen, fein gehackt
400 g Tomaten, enthäutet, vom Stielansatz befreit und gehackt (ersatzweise Dosentomaten)
Salz nach Geschmack
Frisch gemahlener schwarzer Pfeffer
500 g Paprikaschoten (grün, rot und gelb gemischt)
200 ml trockener Weißwein

*Empfohlener Wein: ein leichter trockener Rosé (Sangiovese di Aprilia)*

**Dieses Gericht wird vor allem im Sommer und Anfang Herbst zubereitet, wenn die Paprikaschoten am besten schmecken und in Hülle und Fülle zu haben sind. Dazu passen auch 200 g entsteinte schwarze Oliven. Besonders zu empfehlen sind die ausgezeichneten Oliven aus Gaeta.**

# Saltimbocca alla romana

## *Kalbsschnitzel mit Schinken und Salbei*

*Für 4 Personen*
*Vorbereitungszeit: 10 Minuten*
*Garzeit: 5-6 Minuten*
*Schwierigkeitsgrad: einfach*

8 dünne Kalbsschnitzel, insgesamt etwa 500 g
Salz nach Geschmack
Frisch gemahlener schwarzer Pfeffer
8 frische Salbeiblätter
4 dünne Scheiben Schinken (*prosciutto*), insgesamt etwa 100 g, halbiert
60 g Butter
60 ml trockener Weißwein

*Empfohlener Wein: ein trockener Rotwein (Fiorano Rosso)*

**Zu diesen ausgesprochen delikaten Kalbsschnitzeln passen Kartoffelpüree und grüner Salat.**

Die Kalbsschnitzel vorsichtig mit der glatten Seite des Fleischklopfers flach klopfen. Dabei darauf achten, dass das Fleisch nicht einreißt. Die Schnitzel von beiden Seiten mit Salz und Pfeffer würzen. • In die Mitte jeder Scheibe ein Salbeiblatt legen und jeweils mit einer halben Scheibe Schinken belegen und mit einem Holzspießchen feststecken. • In einer Pfanne, in die alle Schnitzel nebeneinander passen, die Butter zerlassen. Die Schnitzel hineingeben und bei starker Hitze von einer Seite anbraten. Mit Wein beträufeln, wenden und von der anderen Seite braten. Das Braten sollte insgesamt nicht länger als 5–6 Minuten dauern, damit das Fleisch nicht zäh wird. • Die Kalbsschnitzel auf eine vorgewärmte Servierplatte geben. Den Fleischsaft noch 1 Minute einkochen lassen und dann darübergießen. • Heiß servieren.

*Für 4 Personen*
*Vorbereitungszeit: 5 Minuten*
*Garzeit: 25 Minuten*
*Schwierigkeitsgrad: einfach*

2 EL natives Olivenöl extra
2 Knoblauchzehen, fein gehackt
$^{1}/_{2}$ TL zerstoßene getrocknete Chilischote (oder 1 mittelgroße frische Chilischote, von Samen und Scheidewänden befreit und in dünne Scheiben geschnitten)
8 frische italienische Würste oder Bratwürste
600 g blühende Rübenblätter (ersatzweise Brokkoli)
Salz nach Geschmack
Frisch gemahlener schwarzer Pfeffer

# Salsicce con broccoletti

## *Würste mit Rübenblättern*

In einer großen Pfanne das Öl erhitzen. Knoblauch und Chilischote hineingeben und bei schwacher Hitze braten, bis der Knoblauch etwas Farbe annimmt. • Die Würste dazugeben und rundum anbraten. Mehrmals mit der Gabel einstechen, damit etwas Fett austreten kann. • Die geputzten und gewaschenen Rübenblätter in die Pfanne geben. Mit Salz und Pfeffer würzen. 20 Minuten garen, bis das Gemüse weich ist, aber noch Biss hat. Bei Bedarf während des Garens etwas Wasser dazugießen. • Heiß servieren.

*Empfohlener Wein: ein trockener Weißwein (Orvieto)*

***Broccoletti,* in Blüte stehende Rübenblätter, sind in Latium ein typisches Wintergemüse. Wer einen eigenen Garten hat, sollte sie unbedingt einmal anbauen. Brokkoli eignet sich aber ebenso gut.**

# Costolette a scottadito

## *Gegrillte Lammkoteletts*

*Für 4 Personen*
*Vorbereitungszeit: 5 Minuten*
*Garzeit: 15 Minuten*
*Schwierigkeitsgrad: einfach*

1 kg Lammkoteletts
2 EL natives Olivenöl extra (nach Belieben)
Salz nach Geschmack
Frisch gemahlener schwarzer Pfeffer

*Empfohlener Wein: ein trockener Rotwein (Merlot d'Aprilia)*

Die Lammkoteletts auf einen großen Teller legen und nach Belieben mit Öl beträufeln. Mit Salz und reichlich frisch gemahlenem Pfeffer würzen. • Einen Tischgrill auf starke Hitze einstellen und die Koteletts darauf verteilen. Häufig wenden, bis das Fleisch von beiden Seiten gut durchgebraten ist. Statt auf einem Tischgrill können die Koteletts auch im Backofen auf einem Rost unter den Grill geschoben werden (Fettpfanne darunter einschieben). Während des Grillens regelmäßig wenden. • Sehr heiß servieren.

**Am besten schmecken die Lammkoteletts natürlich frisch vom Holzkohlengrill. Ihr italienischer Beiname „scottadito", was so viel wie „verbrenn dir die Finger" bedeutet, weist unmissverständlich darauf hin, dass man die Koteletts am besten mit den Fingern isst.**

# Abbacchio al forno

## *Lammbraten mit Kartoffeln*

*Für 4 Personen*
*Vorbereitungszeit: 10 Minuten*
*Garzeit: 1 Stunde*
*Schwierigkeitsgrad: einfach*

Das Lammfleisch in eine feuerfeste Form geben, die Fleisch und Kartoffeln gerade aufnehmen kann. ◈ Mit der Spitze eines scharfen Messers kleine Taschen in das Fleisch schneiden und die Knoblauchstücke hineinstecken. Die Fleischtaschen über dem Knoblauch zudrücken, damit sich das Aroma während des Garens im Braten entfalten kann. Die Blätter von zwei Rosmarinzweigen abstreifen und über das Lamm streuen. Die übrigen Zweige ringsum unter das Fleisch stecken und dieses mit Öl beträufeln. Nach Geschmack mit Salz und Pfeffer würzen. ◈ Bei 180 °C (Umluft 160 °C) in den vorgeheizten Ofen schieben. ◈ Die Kartoffeln schälen und in mundgerechte Stücke schneiden. Nach einer Garzeit von etwa 20 Minuten die Kartoffeln in die Form geben und um das Fleisch verteilen. Das Lamm benötigt eine Garzeit von ungefähr 1 Stunde, während die Kartoffeln schon nach 40 Minuten gar sind. ◈ Das Fleisch während des Garens 2-3-mal mit Bratensaft übergießen und die Kartoffeln wenden, damit sie rundum gleichmäßig bräunen. ◈ Den Lammbraten mit den Kartoffeln heiß servieren.

1 Lammschulter vom Milchlamm (etwa 1,2 kg)
2 Knoblauchzehen, geschält und halbiert
4–6 Zweige frischer Rosmarin
2 EL natives Olivenöl extra
Salz nach Geschmack
Frisch gemahlener schwarzer Pfeffer
1 kg festkochende Kartoffeln

*Empfohlener Wein: ein trockener Rotwein (Cerveteri Rosso)*

**Milchlammbraten mit Kartoffeln ist in vielen Gegenden Italiens das traditionelle Osteressen.**

# Die Küche des alten Rom

Seit einigen Jahren erfreut sich die „Mittelmeer-Diät“ weltweiter Beliebtheit, denn sie ist gesund, cholesterinarm und sehr schmackhaft. Die Ursprünge der italienischen Essgewohnheiten reichen über 2500 Jahre bis in das alte Rom zurück. Obwohl viele Zutaten der modernen italienischen Küche, die aus Amerika stammen (vor allem die Tomate), in Europa noch nicht bekannt waren, gehörten Olivenöl, Wein, Käse, Getreide, Fisch, Obst, Gemüse und geringe Mengen Fleisch bereits zu den wichtigsten Nahrungsmitteln. Auch kannten die Römer des Altertums bereits die Bedeutung des Ambiente für ein angenehmes Mahl. Römische Villen besaßen mindestens ein Speisezimmer mit drei langen Lagerstätten entlang den Wänden, auf denen sich acht bis zehn Gäste bequem zurücklehnen konnten, während sie aßen, tranken und sich unterhielten. Eine Inschrift an einer Hauswand in Pompeji gibt Anweisungen für gutes Benehmen beim Abendessen: „Wirf keine wolllüstigen Blicke auf die Frau eines anderen Mannes (Frauen waren von diesen Vergnügungen also nicht ausgeschlossen wie bei den Griechen in Athen). Fluche nicht in der Unterhaltung. Vermeide Wut oder beleidigende Reden. Wer dies nicht einhalten kann, gehe nach Hause.“

*Trauben, Feigen und Datteln waren wichtige Nahrungsmittel. Aus den Trauben stellte man nicht nur Wein her, man aß sie auch.*

*Olivenöl und Wein wurden in Amphoren aus gebranntem Ton transportiert und aufbewahrt. Auch die traditionelle Fischsauce* garum *bewahrte man in solchen Gefäßen auf.* Garum *wurde aus Fischdärmen hergestellt, die man stark einsalzte und dann in großen Behältern fermentieren ließ. Die entstandene Sauce verwendete man zum Würzen von Eintöpfen, Schmorgerichten und vielen anderen Speisen.*

*Brot war ein wichtiger Bestandteil der altrömischen Küche. Nach 174 v. Chr. gab es zahlreiche Bäckereien in Rom, zuvor wurde Brot zu Hause gebacken. Das Modell (oben) zeigt einen Bäcker jener Zeit vor seinem Geschäft, der von verschiedenen Backwaren umgeben ist. Die Öfen befanden sich direkt hinter ihm, so dass das Brot immer ofenfrisch war.*

*Der italienische Maler G.P. Panini fing im frühen 18. Jahrhundert den Geist der Zeit ein mit seinen realistischen und erfundenen Ansichten von römischen Ruinen. Rechts: Ein alter römischer Ofen.*

*Für die Zubereitung der Speisen wurden Töpfe und Behälter aus Bronze und Eisen verwendet, zum Servieren auch Glasgeschirr. Die erhaltenen Glaswaren zeugen von dem großen Geschick der Kunsthandwerker.*

# Zuppa di cozze

## *Miesmuscheln mit Knoblauch*

*Für 4 Personen*
*Vorbereitungszeit: 10 Minuten (eventuell + 30 Minuten zum Wässern)*
*Garzeit: 5 Minuten*
*Schwierigkeitsgrad: einfach*

1,5 kg frische Miesmuscheln mit Schale
4 EL natives Olivenöl extra
2 EL fein gehackte frische Petersilie
2 Knoblauchzehen, fein gehackt
Salz nach Geschmack
Frisch gemahlener schwarzer Pfeffer

*Empfohlener Wein: ein leichter trockener Weißwein (Marino Secco Superiore)*

Die Muscheln gut abbürsten, um den Bart zu entfernen, und gründlich unter fließendem kaltem Wasser waschen. Sind sie sehr sandig, die Muscheln mit kaltem Wasser bedecken und 30 Minuten stehen lassen. • In einer großen Pfanne mit hohem Rand das Öl erhitzen, die Muscheln hineingeben und bei hoher Temperatur in der Pfanne schwenken, bis alle geöffnet sind. Muscheln, die sich nicht öffnen, wegwerfen. • Mit Petersilie und Knoblauch bestreuen, mit Salz und Pfeffer würzen und weitere 4–5 Minuten in der Pfanne garen. • Heiß servieren.

**Für dieses kinderleichte Rezept sollten Sie nur ganz frische Muscheln verwenden. Dazu passt Mischbrot, das kurz im heißen Ofen geröstet und mit bestem nativem Olivenöl extra beträufelt wird.**

# Baccalà con peperoni

## *Klippfisch mit Paprikaschoten*

*Für 4 Personen*
*Vorbereitungszeit: 10 Minuten*
*+ 24 Stunden zum Wässern*
*Garzeit: 20 Minuten*
*Schwierigkeitsgrad: einfach*

750 g Klippfisch, 24 Stunden gewässert, dabei das Wassser oft gewechselt
Olivenöl zum Braten
100 g Mehl
4 EL natives Olivenöl extra
1 große Zwiebel, fein gehackt
450 g Tomaten enthäutet, vom Stielansatz befreit und in Würfel geschnitten (ersatzweise Dosentomaten)
Salz nach Geschmack
Frisch gemahlener schwarzer Pfeffer
3 große Paprikaschoten, vorzugsweise je 1 rote, gelbe und grüne

Den Klippfisch häuten und entgräten. Unter fließendem kaltem Wasser waschen, mit Küchenpapier trockentupfen und in Stücke schneiden. • In einer großen Pfanne das Öl erhitzen, bis es sehr heiß ist, sich aber noch kein Rauch bildet. Die Klippfischstücke im Mehl wenden und im Öl braten, bis sie gar sind. Auf Küchenpapier abtropfen lassen und warm stellen. • In einer Pfanne mit hohem Rand das Olivenöl erhitzen, die Zwiebel hineingeben und glasig braten. • Die Tomaten dazugeben und bei mittlerer Hitze die Flüssigkeit 15 Minuten einkochen lassen. Mit Salz und Pfeffer würzen. • Die Paprikaschoten waschen, Stiele, Scheidewände und Samen entfernen. Die Schoten in Viertel schneiden und unter den Grill legen, bis sich die Haut schwarz färbt. Die verbrannte Haut mit den Fingern entfernen und die Paprikaschoten trockentupfen. In dünne Streifen schneiden. • Die Paprikaschoten und den Klippfisch in die Pfanne mit der Tomatensauce geben. Weitere 5 Minuten köcheln lassen, dann servieren.

*Empfohlener Wein: ein trockener Rotwein (Colli Piacentini Barbere Secco)*

**Klippfisch, gesalzener Kabeljau, wurde durch den regen Handel, den man vor Jahrhunderten mit Holland und Skandinavien betrieb auch in Italien sehr beliebt.**

# Stufatino

## *Rinderschmortopf Römische Art*

*Für 4 Personen*
*Vorbereitungszeit: 10 Minuten*
*Garzeit: $2^1/_2$ Stunden*
*Schwierigkeitsgrad: einfach*

60 g Schweinefett
1 große Zwiebel, fein gehackt
2 EL natives Olivenöl extra
2 Knoblauchzehen, fein gehackt
1 Stange Bleichsellerie, in kleine Stücke geschnitten
500 g Rindfleisch vom Kamm (ohne Knochen), in 4 cm große Würfel geschnitten
Salz nach Geschmack
Frisch gemahlener schwarzer Pfeffer
100 ml trockener Weißwein
2 große reife Tomaten, enthäutet, vom Stielansatz befreit und gewürfelt
1 EL fein gehackter frischer Majoran (ersatzweise frische Petersilie)

In einem großen Topf mit schwerem Boden das Schweinefett zerlassen, die Zwiebel hineingeben und braun anbraten. Öl, Knoblauch und Bleichsellerie dazugeben und 5 Minuten mitbraten. • Das Rindfleisch hinzugeben, mit Salz und Pfeffer würzen. Immer wieder wenden, bis die Fleischwürfel rundum leicht gebräunt sind. • Den Wein angießen und einkochen lassen. Die Tomaten und den Majoran hinzufügen und unter häufigem Rühren weitere 10 Minuten köcheln lassen. • So viel kaltes Wasser dazugießen, dass das Fleisch bedeckt ist. Zugedeckt bei schwacher Hitze mindestens 2 Stunden garen, bis die Sauce dunkel und dickflüssig ist. Vor dem Servieren nochmals abschmecken. • Heiß servieren.

*Empfohlener Wein: ein trockener Rotwein (Cerveteri Rosso)*

**Um dem Gericht noch eine frischere Note zu verleihen, kann 5 Minuten vor Ende der Garzeit noch eine Tasse klein geschnittener, blanchierter Bleichsellerie dazugegeben werden. Besonders herzhaft schmeckt der Schmortopf mit in Tomatensauce (s. Rezept S. 48) gegarten Kartoffeln.**

*Für 4 Personen*
*Vorbereitungszeit: 15 Minuten*
*Garzeit: 1 1/2 Stunden*
*Schwierigkeitsgrad: einfach*

4 EL natives Olivenöl extra
3 Knoblauchzehen, fein gehackt
1 EL fein gehackte frische Rosmarinblätter
4 frische Salbeiblätter
1 kg Lammschulter mit Knochen, in 5 cm große Würfel geschnitten
Salz nach Geschmack
Frisch gemahlener schwarzer Pfeffer
1 EL Mehl
100 ml Weißweinessig
60 ml kaltes Wasser
6 Sardellenfilets

*Empfohlener Wein: ein trockener Rotwein (Merlot d'Aprilia)*

# Abbacchio alla romana

## *Geschmortes Lamm mit Knoblauch und Sardellen*

In einer großen Pfanne mit hohem Rand das Öl erhitzen. Knoblauch, Rosmarin und Salbei hineingeben und anbraten. • Das Lammfleisch dazugeben und mit Salz und Pfeffer würzen. Mit dem Mehl bestäuben, Essig und Wasser dazugießen und gut unterrühren. • Zugedeckt bei schwacher Hitze 1 Stunde schmoren. Kocht die Garflüssigkeit zu stark ein, eventuell noch Wasser dazugießen. • 2 EL Bratensud in eine kleine Schüssel geben und die Sardellenfilets darin verrühren. Die Sardellensauce zurück in die Pfanne gießen und gut unterrühren. • Weitere 2–3 Minuten köcheln lassen, vom Herd nehmen und servieren.

**Dieses Gericht ist ein Klassiker der römischen Küche. Dazu passen fast alle Arten von Gemüse einschließlich Salzkartoffeln, aber auch Erbsen mit Schinken (s. Rezept S. 85) und gedünstete Paprikaschoten (s. Rezept S. 92).**

*Für 4 Personen*
*Vorbereitungszeit: 10 Minuten*
*Garzeit: 35 Minuten*
*Schwierigkeitsgrad: einfach*

# Pollo con verdure

## *Geschmortes Hähnchen mit Gemüse*

In einer großen Pfanne mit hohem Rand das Öl erhitzen. Die Zwiebel und den Knoblauch hineingeben und anbraten. • Die Hähnchenteile hinzufügen und von allen Seiten anbraten. • Den Wein angießen und einkochen lassen. Kartoffeln, Möhren, Bleichsellerie und Petersilie dazugeben und alles mit Salz und Pfeffer würzen. • So viel Brühe angießen, dass nichts anhängt. Bei schwacher Hitze 25–30 Minuten garen, dabei häufig umrühren. Wenn nötig, noch Brühe nachgießen. • Wenn Hähnchen und Gemüse gar sind, die Pfanne vom Herd nehmen. Sofort servieren.

4 EL natives Olivenöl extra
1 große Zwiebel, fein gehackt
2 Knoblauchzehen, fein gehackt (nach Belieben)
1 Brathähnchen (etwa 1,5 kg), küchenfertig, in 8 Stücke zerteilt
100 ml trockener Weißwein
400 g Kartoffeln, geschält und klein gewürfelt
4 mittelgroße Möhren, geschält und grob geraspelt
2 Stangen Bleichsellerie, in kleine Stücke geschnitten
2 EL fein gehackte frische Petersilie
Salz nach Geschmack
Frisch gemahlener schwarzer Pfeffer
150 ml Hühner- oder Gemüsebrühe (selbst zubereitet oder aus Brühwürfeln)

*Empfohlener Wein: ein trockener Weißwein (Orvieto)*

# Lamm – eine Spezialität der römischen Küche

Im alten Rom zog man junges Ziegenfleisch dem Lamm vor, doch in der modernen römischen Küche rangiert längst das Lammfleisch an erster Stelle. Die regionale Bezeichnung *abbacchio* ist von dem Verb *abbacchiare* oder *abbattere* („schlachten") abgeleitet. Denn traditionell stammte das teuerste Fleisch von Milchlämmern, die noch keinen Monat alt waren. Inzwischen werden aber auch ältere Lämmer als *abbacchio* verkauft. Obwohl frisches Lammfleisch heute das ganze Jahr hindurch angeboten wird, ist das Frühjahr immer noch die beste Saison und *abbacchio* das vielleicht typischste Ostergericht. Echten *abbacchio* von älterem Fleisch zu unterscheiden, ist eine wahre Kunst. Einerseits sollte das Gewicht mit dem Alter des Tiers übereinstimmen, zum anderen sollte das Fleisch hellrosa sein. Bei dunklerem Fleisch könnte das Lamm bereits älter gewesen sein. *Abbacchio* wird gegrillt, geschmort oder gebraten und oft mit Kartoffeln serviert. Unser Rezept kombiniert zwei Klassiker der römischen Küche: Lamm und Artischocken.

## LAMM MIT ARTISCHOCKEN

*4 große Artischocken*
*Frisch gepresster Saft von 1 Zitrone*
*60 g roher Schinken (prosciutto)*
*2 Knoblauchzehen*
*1 kleines Bund Petersilie (ersatzweise Majoran)*
*1 kg Lammkoteletts*
*1 kleine Zwiebel, fein gehackt*
*Salz und frisch gemahlener schwarzer Pfeffer*
*125 ml trockener Weißwein*
*1 EL Tomatenmark*

Die Artischocken wie auf Seite 86 beschrieben vorbereiten. Vierteln und in eine Schüssel mit kaltem Wasser und Zitronensaft legen. • Schinken, Knoblauch und Petersilie fein hacken und in einer großen Pfanne 3–4 Minuten braten. Lammkoteletts und Zwiebel hinzufügen. Mit Salz und Pfeffer würzen. • Sobald die Zwiebel glasig wird, den Wein dazugießen und einkochen lassen. • Tomatenmark und abgegossene Artischocken dazugeben. Zugedeckt bei mittlerer Hitze 15–20 Minuten garen, bis das Fleisch und die Artischocken weich sind. • Heiß servieren.

*Die Bürger Roms waren stets große Liebhaber von Lammfleisch und anderen Fleischsorten. Aufzeichnungen von 1598 belegen, dass in diesem Jahr offiziell 73 000 Lämmer, 14 400 Kühe, 13 000 Kälber, 22 800 Stiere, 20 000 Schweine und 600 Ochsen in der Stadt geschlachtet wurden. Die ausführlichen Aufzeichnungen verdeutlichen auch die damals herrschenden strengen Kontrollen.*

*Das Lamm wird auch in symbolischer Hinsicht mit Rom in Verbindung gebracht: Der Hirte und das Lamm sind traditionelle Symbole des Christentums, und seit nahezu 2000 Jahren ist Rom die Hauptstadt des Christentums im Abendland.*

*Beim Schlachten wird Lammfleisch traditionell in drei Hauptabschnitte unterteilt: coscia (Keule), spalla (Schulter) und lombata (Lende).*

*Heute werden in Latium jährlich über zwei Millionen Schafe gezüchtet. Sardinien ist die einzige Region Italiens mit noch mehr Schafen.*

*Für 4 Personen*
*Vorbereitungszeit: 20 Minuten*
*Garzeit: 30 Minuten*
*Schwierigkeitsgrad: relativ einfach*

450 g Kalbshirn
500 g Kalbsleber, in 1 cm dicke Scheiben geschnitten
4-6 Artischocken
Frisch gepresster Saft von 1 Zitrone
4-8 Scheiben Weißbrot mit fester Krume
4 EL Milch
250-500 ml Olivenöl zum Frittieren
150 ml Mehl
3 Eier, verquirlt
Salz nach Geschmack

*Empfohlener Wein: ein trockener Rotwein (Sangiovese d'Aprilia)*

# Fritto misto

## *Frittiertes Fleisch, Gemüse und Brot*

Das Kalbshirn gründlich unter fließendem kaltem Wasser waschen, in eine Schüssel legen, mit kaltem Wasser bedecken und 10 Minuten stehen lassen. • In einen Topf mit kaltem Wasser geben, erhitzen und 20 Minuten in kochendem Wasser garen. Alle braunen Stellen entfernen und jedes Hirn in 6 Teile schneiden. • Die Kalbsleber in Stücke (3 cm x 4 cm groß) schneiden. • Den oberen Teil der Artischocken abschneiden und den Stiel auf 1 cm kürzen. Alle harten äußeren Blätter entfernen, so dass nur die Herzen übrig bleiben. Die Artischocken vierteln, das Heu im Innern entfernen. Die Artischocken in eine große Schüssel geben und mit Wasser und dem Zitronensaft bedecken, damit sie sich nicht verfärben. Vor der Verwendung abgießen und trockentupfen. • Die Brotscheiben auf einen Teller legen und gerade mit so viel Milch beträufeln, dass sie feucht sind, aber nicht durchweichen. • In einer Pfanne mit hohem Rand das Öl erhitzen, bis es sehr heiß ist, aber noch nicht raucht. • Fleischstücke, Artischocken und Brot erst in Mehl wenden, dann in Ei tauchen und in dem Öl unter häufigem Wenden rundum goldbraun frittieren. Auf Küchenpapier abtropfen lassen. Nicht zu viel auf einmal ausbacken – Fleisch und Artischockenviertel sollten sich beim Frittieren nicht berühren. • Mit Salz bestreuen und sofort servieren.

**Die hier genannten Bestandteile sind die klassischen Zutaten des römischen *Fritto misto*, aber es können auch viele andere verwendet werden. Die meisten Fleisch- und Gemüsesorten lassen sich in heißem Öl gut ausbacken. Besonders geeignet sind Zwiebeln, Blumenkohl und Zucchini. Das herrlich knusprige frittierte Brot heißt in Rom *pandorato* – goldenes Brot.**

# Trippa alla trasteverina

## *Gebackene Kutteln*

*Für 4 Personen*
*Vorbereitungszeit: 10 Minuten*
*Garzeit: 40 Minuten*
*Schwierigkeitsgrad: einfach*

4 EL natives Olivenöl extra
1 Möhre, fein geraspelt
1 Zwiebel, fein gehackt
1 Stange Bleichsellerie, in kleine Stücke geschnitten
2 Knoblauchzehen, fein gehackt
60 g Tomaten, enthäutet, vom Stielansatz befreit, gewürfelt (ersatzweise Dosentomaten)
1 kg küchenfertige Kutteln
150 g römischer Pecorino, frisch gerieben
8–10 frische Minzeblätter, zerpflückt

*Empfohlener Wein: ein leichter trockener Rotwein (Genazzano Rosso)*

In einer Pfanne das Öl erhitzen, Möhre, Zwiebel, Sellerie und Knoblauch hineingeben und 5 Minuten braten. Die Tomaten dazugeben und alles bei mittlerer Hitze weitere 5–10 Minuten garen. • Die Kutteln in große rautenförmige Stücke schneiden. • Etwas Sauce in eine Auflaufform mit hohem Rand geben und mit einer Lage Kutteln bedecken. Mit etwas Käse und Minzeblättern bestreuen. Auf diese Weise alle Zutaten in Schichten in die Form füllen. Die letzte Schicht mit Käse bestreuen. • Im vorgeheizten Ofen 30 Minuten bei 180 °C (Umluft 160 °C) überbacken. • Heiß servieren. Nach Belieben noch mit etwas Käse und Minzeblättern bestreuen.

**Dieses klassische Gericht wird traditionell mit der etwas ungewöhnlichen Fleischsauce mit Gewürznelken (s. Rezept Seite 48) zubereitet. In unserem Rezept haben wir allerdings eine einfache, modernere Sauce angegeben.**

*Für 2-4 Personen*
*Vorbereitungszeit: 5 Minuten*
*Garzeit: 10 Minuten*
*Schwierigkeitsgrad: einfach*

6 große Eier
30 g magerer Speck (*pancetta*), in kleine Würfel geschnitten
30 g Mozzarella, in kleine Würfel geschnitten
1 EL fein gehackte Schalotten
Salz nach Geschmack
Frisch gemahlener schwarzer Pfeffer
60 g Butter

*Empfohlener Wein: ein trockener Rosé (Viganello Rosato)*

# Frittata alla Ciociara

## *Omelett mit Speck und Mozzarella*

Eier, *pancetta*, Mozzarella, Schalotten, Salz und Pfeffer in eine Schüssel geben und verrühren. • In einer mittelgroßen Pfanne 40 g Butter bei mittlerer Temperatur erhitzen, bis sie einen hellen Goldton annimmt. Die Eiermischung hineingeben, kurz umrühren und von der Unterseite goldbraun backen. Das Omelett auf einen Teller gleiten lassen. • Die restliche Butter in die Pfanne geben. Sobald sie goldfarben wird, das Omelett mit der ungebräunten Seite nach unten in die Pfanne geben und ebenfalls goldbraun backen. • Das fertige Omelett (es sollte trocken, aber noch saftig sein) auf einen vorgewärmten Teller gleiten lassen und sofort servieren.

**Dieses köstliche Omelett ist im Handumdrehen zubereitet und, serviert mit grünem Salat, ein wunderbar leichtes Mittagessen.**

# Fische und Meeresfrüchte

Das Tyrrhenische Meer, das die Küsten Latiums umspült, verfügt über einen großen Fischreichtum. Jeden Morgen wird Rom mit frischem Fisch und Meeresfrüchten aus dem kleinen Fischerort Fiumicino versorgt. Zur Mittagszeit bieten bereits viele Restaurants der italienischen Hauptstadt eine gute Auswahl an Fischgerichten an. Hierbei handelt es sich jedoch um eine neuere Entwicklung, denn noch vor etwa 50 Jahren war Fisch in Rom nicht sonderlich beliebt. Früher servierte man Fisch vor allem in Klöstern, wo der Verzehr von Fleisch aus religiösen Gründen eingeschränkt war, sowie in den Häusern der Aristokratie. Mit der Einführung von Kühlsystemen und effizienteren Transportmöglichkeiten nach dem Zweiten Weltkrieg konnten Fisch und Meeresfrüchte auch der Bevölkerung im Inland angeboten werden. In den Küstenstädten von Civitavecchia im Norden bis Gaeta im Süden stellte Fisch jedoch stets einen wichtigen Teil der kulinarischen Tradition dar.

*In den frühen Morgenstunden fahren die Fischer vor der Küste Latiums ihre Netze aus. Das Wasser ist sehr sauber und die Qualität des Fangs in der Regel hervorragend. Im Gegensatz dazu ist der Tiber, der durch Rom fließt, leider stark verschmutzt. Zwar gibt es immer noch viele Fische in diesem Fluss und Angelwettbewerbe an seinen Ufern sind sehr verbreitet, doch eignen sich die Fische nicht zum Verzehr.*

*Mollusken (Weichtiere) und Krustentiere wie Garnelen, Kalmare, Octopus, Venus- und Miesmuscheln sind in Italien als „frutti di mare" (Früchte des Meeres) bekannt. Meist werden sie kurz gegart und mit einem einfachen Dressing aus nativem Olivenöl extra, Knoblauch, Petersilie sowie Salz und Pfeffer serviert. Diese Art der Zubereitung eignet sich jedoch nur für ganz frische Meeresfrüchte. Tiefkühlware ist hierfür ungeeignet.*

*Nach einem erfolgreichen Fang wickelt ein Fischer seine Netze auf.*

*Der wunderschöne Bolsena See ist reich an Forellen, Hechten, Schleien und Aalen. In den umliegenden Dörfern gibt es ein breites Spektrum an Zubereitungsmethoden. Fettucine mit Erbsen in einem Fond aus Schleien gegart gehört zu den typischen (und besten) regionalen Spezialitäten.*

# Verdure



Artischocken sind untrennbar mit der römischen Küche verbunden. Wer von Oktober bis Mai in Rom eine Trattoria betritt, kann sie noch roh hoch aufgetürmt bewundern oder findet sie, gegart nach typisch römischer Art, mit den Stielen nach oben in irdenen Schüsseln. Die plumpe römische Artischocke ist am weitesten verbreitet. Die ländlichen Gebiete Latiums sind stark landwirtschaftlich geprägt. Knackiger Römischer Salat, Paprikaschoten, grüne Bohnen, Erbsen und süße Perlzwiebeln gehören zu den wichtigsten Erzeugnissen. Sie werden nachmittags geerntet und schon am nächsten Morgen in Rom auf dem Markt ganz frisch angeboten.

# Piselli alla romana

## *Erbsen mit Schinken*

*Für 4 Personen*
*Vorbereitungszeit: 5 Minuten*
*Garzeit: 12 Minuten*
*Schwierigkeitsgrad: einfach*

50 g Schweineschmalz (oder Butter)
1 kleine Zwiebel, fein gehackt
750 g frische Zuckererbsen oder Tiefkühlerbsen, gepalt
100 ml Fleischbrühe (selbst zubereitet oder aus Brühwürfeln)
Salz nach Geschmack
Frisch gemahlener schwarzer Pfeffer
1 dicke Scheibe roher Schinken (*prosciutto*, 100 g), in Würfel geschnitten

In einer Pfanne das Schmalz (oder die Butter) zerlassen, die Zwiebel hineingeben und braten, bis sie glasig sind. • Erbsen und Brühe hinzufügen. Mit Salz und Pfeffer würzen und 10 Minuten köcheln lassen, bis die Erbsen gar sind. • Nach 8 Minuten die Schinkenwürfel dazugeben und weitere 2 Minuten mitgaren. • Heiß servieren.

*Empfohlener Wein: ein trockener Weißwein (Frascati Novello)*

**Erbsen mit Schinken sind eine typisch römische Beilage. Die Erbsen in der Region Latium sind klein und süß. Größere, weniger zarte Erbsen können mit etwas Zucker verfeinert werden.**

*Für 4 Personen*
*Vorbereitungszeit: 10 Minuten*
*Garzeit: 20 Minuten*
*Schwierigkeitsgrad: einfach*

8 große Artischocken
Frisch gepresster Saft von 1 Zitrone
125 ml natives Olivenöl extra
Salz nach Geschmack
Frisch gemahlener schwarzer Pfeffer

*Empfohlener Wein: ein trockener, fruchtiger Weißwein (Colli Albani)*

# Carciofi alla giudea

## *Artischocken auf jüdische Art*

Die Stiele der Artischocken auf 3–4 cm kürzen und die Spitzen der Blütenköpfe abschneiden. Alle äußeren harten Blätter entfernen, so dass nur die Herzen übrig bleiben. Die geputzten Artischocken sofort in eine große Schüssel mit kaltem Wasser und Zitronensaft legen, damit sie sich nicht verfärben. • Vor der Verwendung abgießen und nacheinander kurz auf die Arbeitsplatte schlagen, damit sich die Blätter etwas öffnen. Das Heu im Innern entfernen. • In einer großen Pfanne das Öl erhitzen und die Artischocken hineingeben. Bei mittlerer Hitze 15–20 Minuten braten. Wenn die Artischocken weich gegart sind, bei starker Hitze weitere 2–3 Minuten bräunen, bis sie eine schöne goldbraune Farbe annehmen. Mit Salz und Pfeffer würzen • Auf Küchenpapier abtropfen lassen und sofort servieren.

**Artischocken gehören in Rom während der Wintermonate zu den wichtigsten Nahrungsmitteln und werden auf verschiedenste Weise zubereitet. Dieses Rezept ist eine der herzhafteren Varianten.**

# Essen in Rom

Die Römer lieben es, essen zu gehen, und überall in Rom gibt es zahlreiche Cafés, Weinlokale (*enoteche*), Pizzerias, Trattorien und Restaurants. Kaum hat man sich ein wenig von den begehrten Touristenattraktionen entfernt, kann man gemeinsam mit den Einheimischen die Vorzüge der römischen Küche genießen. Mit Ausnahme der chinesischen Restaurants, die im letzten Jahrzehnt aus dem Boden geschossen sind, bieten die meisten Restaurants und Gaststätten regionale Spezialitäten an.

Die Qualität ist meist sehr gut und die Preise sind ausgesprochen akzeptabel. Eine relative Neuheit in der kulinarischen Landschaft sind die Weinlokale, die man überall in Rom sieht und unbedingt besuchen sollte. Hier werden zu einem hervorragenden Glas Wein kleine warme oder kalte Gerichte serviert. Diese Lokale sind in den letzten zwanzig bis dreißig Jahren entstanden, als die dreistündige Siesta zu einer dreißigminütigen Mittagspause schrumpfte. Das Essen ist meist ebenso exzellent wie die Auswahl an Weinen.

*Das römische Frühstück bietet eine herrliche Auswahl an feinstem Kleingebäck. Dazu gibt es wunderbar aromatischen Cappucino – der richtige Start für den Tag.*

*In Rom speist man seit über 2000 Jahren außer Haus. Das Gemälde auf der gegenüberliegenden Seite zeigt den Eingang zu einer Trattoria aus dem 18. Jahrhundert, in dem man* Castelli *servierte. Das Bild darunter bietet eine typische Szene aus einem Restaurant im 19. Jahrhundert.*

*In Rom weiß man, dass frische, hochwertige Zutaten das Geheimnis einer exzellenten Küche sind. Selbst im belebten und teuren Zentrum von Rom können die Einheimischen auf Märkten ihre Frischwaren einkaufen. Campo de´fiori ist der größte und vielleicht auch schönste Markt. Jeden Morgen außer sonntags ist die alte Piazza voll von Marktständen, auf denen Obst, Gemüse, Fisch, Käse und vieles mehr angeboten wird. Nahe gelegene Feinkostläden und Bäckereien bieten weitere Spezialitäten an.*

*Kein Rombesuch ohne ein belegtes Brötchen mit* porchetta *(gebratenem Schweinefleisch). Dafür werden ganze Schweine mit Salz und Gewürzen gefüllt. Eine herzhafte Spezialität zur Mittagszeit.*

*Für 4 Personen*
*Vorbereitungszeit: 10 Minuten*
*Garzeit: 35 Minuten*
*Schwierigkeitsgrad: einfach*

# Carciofi con piselli

## *Artischocken mit Erbsen*

8 mittelgroße Artischocken
Frisch gepresster Saft von 1 Zitrone
2 EL natives Olivenöl extra
1 Zwiebel, fein gehackt
60 g roher Schinken (*prosciutto*), in kleine Stücke geschnitten
Salz nach Geschmack
Frisch gemahlener schwarzer Pfeffer
350 g frische oder Tiefkühlerbsen, gepalt

*Empfohlener Wein: ein trockener Rotwein (Castelli Romani)*

Die Spitzen und die Stiele der Artischocken abschneiden. Alle äußeren harten Blätter entfernen, so dass nur die Herzen übrig bleiben. Die geputzten Artischocken sofort in eine große Schüssel mit kaltem Wasser und Zitronensaft legen, damit sie sich nicht verfärben. • In einer großen Pfanne das Öl erhitzen, die Zwiebelstückchen hineingeben und braten, bis sie glasig sind. Den Schinken dazugeben. • Die Artischocken abtropfen lassen, vom Heu im Innern befreien, in die Pfanne geben und etwa 10 Minuten mitbraten. • Mit Salz und Pfeffer würzen und die Erbsen hinzufügen. Bei mittlerer Hitze 15–20 Minuten dünsten, bis Erbsen und Artischocken gar sind. Dabei eventuell etwas Wasser dazugießen, damit das Gemüse genügend Garflüssigkeit hat. • Heiß oder von Raumtemperatur servieren.

**Erbsen und Artischocken verbinden sich zu einem ebenso köstlichen wie nahrhaften Gericht. Mit Brot und Salat serviert ist es ein leichtes Mittagessen.**

# Melanzane ripiene

## *Gefüllte Auberginen*

*Für 4 Personen*
*Vorbereitungszeit: 20 Minuten*
*Garzeit: 30 Minuten*
*Schwierigkeitsgrad: einfach*

4 kleine Auberginen
250 g Mozzarella, in 1 cm große Würfel geschnitten
1 Knoblauchzehe, fein gehackt
2 EL natives Olivenöl extra
Salz nach Geschmack
Frisch gemahlener schwarzer Pfeffer
3 große reife Tomaten, enthäutet, vom Stielansatz befreit und in Würfel geschnitten

Die Auberginen gründlich unter fließendem kaltem Wasser waschen und längs halbieren. Die Hälften mit einem scharfen Messer behutsam aushöhlen, ohne die Schale zu verletzen. ◈ Das Auberginenfleisch in kleine Würfel schneiden und mit Mozzarella und Knoblauch vermischen. Mit 2 EL Öl beträufeln und mit Salz und Pfeffer würzen. Alles gut durchmischen. ◈ Die ausgehöhlten Auberginenhälften in eine flache, feuerfeste Form legen und mit der Mozzarellamischung füllen. Die Tomaten darüber verteilen. ◈ Im vorgeheizten Ofen 30 Minuten bei 180 °C (Umluft 160 °C) backen. ◈ Heiß oder von Raumtemperatur servieren.

*Empfohlener Wein: ein trockener Weißwein (Cerveteri Bianco)*

**So einfach sich diese gefüllten Auberginen auch zubereiten lassen – sie sind immer ein voller Erfolg, ob als Beilage oder Vorspeise. Einige zerpflückte Basilikumblätter in der Tomatenmischung sorgen für zusätzliches Aroma.**

*Für 4-6 Personen*
*Vorbereitungszeit: 10 Minuten*
*Garzeit: 25 Minuten*
*Schwierigkeitsgrad: einfach*

4–6 Paprikaschoten (rot, grün, gelb gemischt), in 1 cm breite Streifen geschnitten
2 große Zwiebeln, in dünne Ringe geschnitten
500 g frische Tomaten, enthäutet, vom Stielansatz befreit und gehackt (ersatzweise Dosentomaten)
4 EL natives Olivenöl extra
3 Knoblauchzehen, fein gehackt
Salz nach Geschmack
Frisch gemahlener schwarzer Pfeffer
6 frische Basilikumblätter, zerpflückt

*Empfohlener Wein: ein leichter trockener Weißwein (Frascati)*

**Dieser Klassiker unter den Gemüsegerichten schmeckt besonders köstlich, wenn er in einer Keramik- oder Steingutkasserolle zubereitet wird. Wer es etwas kräftiger liebt, fügt noch 1 mittelgroße, ungeschälte und in Würfel geschnittene Aubergine, 1 Tasse entsteinte schwarze Oliven und 1 EL Oregano hinzu.**

# Peperonata

## *Gedünstete Paprikaschoten*

Paprikaschoten, Zwiebeln und Tomaten in einen großen Topf mit schwerem Boden oder eine feuerfeste Kasserolle geben. Öl und Knoblauch hinzufügen, mit Salz und Pfeffer würzen. Zugedeckt bei mittlerer Hitze 15 Minuten garen. ◆ Die Temperatur erhöhen und halb zugedeckt weitergaren, damit etwas Flüssigkeit verdampfen kann. So lange dünsten, bis die Paprikaschoten gar sind. Mit Basilikumblättern bestreuen. ◆ Heiß oder von Raumtemperatur servieren.

*Für 4 Personen*
*Vorbereitungszeit: 20 Minuten*
*Garzeit: 30 Minuten*
*Schwierigkeitsgrad: einfach*

600 g frischer oder
400 g Tiefkühlspinat
200 g Ricotta
2 EL Mehl, zusätzlich Mehl für die Kroketten
2 Eier
Salz nach Geschmack
Frisch gemahlener schwarzer Pfeffer
Olivenöl zum Frittieren

*Empfohlener Wein: ein trockener Weißwein (Colli Albani)*

# Polpette di spinaci e ricotta

## *Spinatkroketten mit Ricotta*

Bei frischem Spinat die Stiele abschneiden und die Blätter gründlich unter fließendem kaltem Wasser waschen. • Den Spinat in einen kleinen Topf mit gesalzenem Wasser geben und bei mittlerer Hitze 7-10 Minuten weich garen. • Abgießen, gut abtropfen lassen und die überschüssige Flüssigkeit ausdrücken. Auf ein Schneidebrett geben und fein hacken. • Den Spinat mit Ricotta, Mehl, Eiern, Salz und Pfeffer in eine Schüssel geben und alles gut durchmischen. • In einer Pfanne das Öl erhitzen, bis es sehr heiß ist, sich aber noch kein Rauch bildet. • Aus der Spinatmischung walnussgroße Kugeln formen und in Mehl wälzen. • Die Spinatkroketten unter häufigem Wenden im Öl knusprig ausbacken. • Auf Küchenpapier abtropfen lassen, mit etwas Salz bestreuen und sofort servieren.

# Zucchine marinate

## *Marinierte Zucchini*

*Für 6 Personen*
*Vorbereitungszeit: 10 Minuten*
*+ 24 Stunden zum Marinieren*
*Garzeit: 25 Minuten*
*Schwierigkeitsgrad: einfach*

8 große Zucchini
4 EL natives Olivenöl extra
250 ml Weißweinessig
Salz nach Geschmack
1 rote Chilischote
Frisch gemahlener schwarzer Pfeffer

*Empfohlener Wein: ein leichter trockener Weißwein (Est! Est!! Est!!!)*

Die Zucchini unter fließendem kaltem Wasser waschen und die Enden abschneiden. Mit Küchenpapier trockentupfen. Die Zucchini in Scheiben schneiden. • In einer großen Pfanne das Öl erhitzen, die Zucchinischeiben in 2–3 Portionen hineingeben und jeweils 7–8 Minuten braten. • Die gebratenen Zucchini in eine tiefe Schüssel geben. • In einem Topf den Essig mit Salz und der Chilischote zum Kochen bringen. Über die Zucchini gießen. • Mit reichlich frisch gemahlenem Pfeffer würzen und zugedeckt 24 Stunden marinieren lassen. • Von Raumtemperatur servieren.

*Für 4 Personen*
*Vorbereitungszeit: 20 Minuten*
*Garzeit: 30 Minuten*
*Schwierigkeitsgrad: einfach*

3 große Kartoffeln
1/2 mittelgroßer Kopf Wirsing
2 EL natives Olivenöl extra
1 kleine Zwiebel, fein gehackt
60 g magerer Speck (*pancetta*), in Würfel geschnitten
1 Knoblauchzehe, fein gehackt
1/2 TL zerstoßene getrocknete Chilischote
Salz nach Geschmack
Frisch gemahlener schwarzer Pfeffer

*Empfohlener Wein: ein leichter trockener Weißwein (Frascati)*

# Patate e cavoli

## *Kartoffeln mit Wirsing*

Die Kartoffeln in einem großen Topf mit sprudelndem, gesalzenem Wasser garen. Die Kartoffeln schälen und zerstampfen. • In einem zweiten Topf gesalzenes Wasser zum Kochen bringen, den Wirsing hineingeben und 10 Minuten garen. Abgießen, gut abtropfen lassen und grob zerkleinern. • Das Öl in einer großen Pfanne erhitzen, die Zwiebel hineingeben und braten, bis sie glasig ist. *Pancetta*, Knoblauch und zerstoßene Chilischote dazugeben. Mit Salz und Pfeffer würzen, Kartoffeln und Wirsing hinzufügen. • Gut durchmischen und 20 Minuten durchziehen lassen. • Warm oder von Raumtemperatur servieren.

*Für 6 Personen*
*Vorbereitungszeit: 20 Minuten*
*Garzeit: 30 Minuten*
*Schwierigkeitsgrad: einfach*

400 g Steinpilze
150 g Mehl
Olivenöl zum Ausbacken
Salz nach Geschmack

*Empfohlener Wein: ein trockener Weißwein (Colli Albani)*

# Funghi dorati

## *Frittierte Steinpilze*

Die Steinpilze unter fließendem kaltem Wasser waschen und mit Küchenpapier trockentupfen. Den unteren Teil der Stiele abschneiden und wegwerfen. Die Pilze längs in Scheiben schneiden. • Das Öl in einer großen Pfanne erhitzen, bis es sehr heiß ist, sich aber noch kein Rauch bildet. • Die Pilzscheiben im Mehl wenden und im heißen Öl goldbraun ausbacken, dabei häufig wenden. • Auf Küchenpapier abtropfen lassen und nach Geschmack mit etwas Salz bestreuen. • Sofort servieren.

**In Italiens Wäldern gedeihen köstliche Steinpilze. Im Frühling und Herbst durchstreifen nach jedem Regenschauer Pilzliebhaber die Wälder. Sind Steinpilze nicht erhältlich, können sie auch durch andere Wildpilze ersetzt werden. Die Garzeit kann je nach Sorte variieren.**

*Für 4-6 Personen*
*Vorbereitungszeit: 10 Minuten*
*Garzeit: 35 Minuten*
*Schwierigkeitsgrad: einfach*

# Cipolline in agrodolce

## *Perlzwiebeln süßsauer*

500 g weiße Perlzwiebeln
1 EL Schweineschmalz (ersatzweise Butter oder Olivenöl)
60 g Schinken (*prosciutto*), in kleine Stücke geschnitten
Salz nach Geschmack
Frisch gemahlener schwarzer Pfeffer
1 EL Zucker
50 ml Weißweinessig
100 ml kaltes Waser

Die geputzten Zwiebeln in eine Schüssel mit kaltem Wasser legen. • Schmalz (ersatzweise Butter oder Olivenöl) in einer Pfanne erhitzen, den Schinken hinzufügen und anbraten. • Die Zwiebeln abtropfen lassen und in die Pfanne geben. Mit Salz und Pfeffer würzen, den Zucker unterrühren. Essig und Wasser hinzugießen. • Die Zwiebeln bei schwacher bis mittlerer Hitze garen, die Garflüssigkeit dabei fast vollständig einkochen lassen. • Heiß oder von Raumtemperatur servieren.

*Empfohlener Wein: ein leichter trockener Weißwein (Colli Albani)*

# Dolci



Kuchen, Gebäck und Desserts haben in der römischen Küche keinen so hohen Stellenwert wie in anderen Regionen Italiens. Doch haben die Köche in der Ewigen Stadt Spezialitäten anderer Landesteile und Länder in ihr Repertoire aufgenommen. Dennoch gibt es in Latium eine Handvoll typischer Süßspeisen, die meist mit einem Festtag oder einer bestimmten Stadt verbunden sind. Beste Beispiele sind Pinienkernbrote mit kandierten Früchten und süßer Pizzakuchen. Wie vielerorts in Italien erfreut sich in Fett Ausgebackenes höchster Beliebtheit. Frischer römischer Ricotta ist Grundbestandteil vieler Desserts, nicht zuletzt der köstlichen Ricottacreme.

# Fette di mele fritte

## *Ausgebackene Apfelkringel*

*Für 4–6 Personen*
*Vorbereitungszeit: 10 Minuten*
*+ 1 Stunde Ruhezeit für den Teig*
*Backzeit: 15 Minuten*
*Schwierigkeitsgrad: relativ einfach*

2 Eier
125 g Mehl
125 ml trockener Weißwein
2 EL natives Olivenöl extra
Salz nach Geschmack
6 Kochäpfel
Frisch gepresster Saft von 1 Zitrone
Olivenöl zum Ausbacken
Puderzucker zum Bestäuben

*Empfohlener Wein: ein süßer weißer Dessertwein (Cesanese del Piglio Dolce)*

Die Eier trennen. Das Eigelb in einer Schüssel schaumig schlagen. • Mehl, Wein, natives Olivenöl extra und 1 Prise Salz hinzufügen und mit dem Eigelb zu einem glatten, dünnflüssigen Teig verrühren. Abdecken, beiseite stellen und 1 Stunde ruhen lassen. • Die Äpfel schälen und das Kerngehäuse mit dem Apfelausstecher im Ganzen entfernen. Die entkernten Äpfel quer in Ringe schneiden und mit Zitronensaft beträufeln, damit sie nicht braun werden. • Den Boden einer großen Pfanne mit Olivenöl bedecken und das Öl erhitzen, bis es sehr heiß ist, sich aber noch kein Rauch bildet. • Das Eiweiß steif schlagen und vorsichtig unter den Teig heben. • Die Apfelscheiben in den Teig tauchen und in der Pfanne portionsweise von beiden Seiten hellgold ausbacken. Nicht zu viele Scheiben auf einmal frittieren, damit sie nicht aneinander kleben. • Die ausgebackenen Apfelkringel auf Küchenpapier abtropfen lassen und warm halten, bis alle Scheiben fertig sind. • Mit Puderzucker bestäuben und sofort servieren.

**Dieses einfache, aber elegante Dessert passt hervorragend zu Vanilleeis oder geschlagener süßer Sahne. Die Apfelkringel sollten auf jeden Fall heiß verzehrt werden – je schneller sie serviert werden, desto besser.**

# Maritozzi

## *Pinienkernbrote mit kandierten Früchten*

Die Hefe in eine kleine Schüssel bröckeln und mit 75 ml lauwarmem Wasser verrühren, bis sich die Hefe aufgelöst hat. • An einem warmen Ort 10 Minuten gehen lassen, bis sich an der Oberfläche Blasen bilden. • Etwa 100 g Mehl in eine Rührschüssel geben, die Hefemischung hinzugießen und unterrühren. Die Masse auf einer bemehlten Arbeitsfläche zu einem glatten Teig verkneten. In einer Schüssel mit einem sauberen Tuch bedecken, beiseite stellen und 3 Stunden gehen lassen. • Unter den aufgegangenen Teig auf einer bemehlten Arbeitsfläche das restliche Mehl, das Öl, den Zucker, die Sultaninen, die Pinienkerne, die kandierten Früchte und 1 Prise Salz einarbeiten. Mit dem restlichen Wasser verkneten, bis ein fester, elastischer Teig entsteht. Gründlich durchkneten. Den Teig in brötchengroße Portionen teilen und mit genügend Abstand auf ein gefettetes Backblech legen. Mit einem sauberen Tuch bedecken und noch einmal 4 Stunden gehen lassen. • Die Brote im vorgeheizten Ofen 15 Minuten bei 180 °C (Umluft 160 C°) backen, bis sie durchgebacken sind und eine goldbraune Farbe haben.

*Für 6 Personen*
*Vorbereitungszeit: 30 Minuten*
*+ 7 Stunden Ruhezeit für den Teig*
*Backzeit: 15 Minuten*
*Schwierigkeitsgrad: relativ einfach*

35 g frische Hefe
200 ml lauwarmes Wasser
300 g Mehl
2 EL natives Olivenöl extra
60 g extrafeiner Zucker
100 g Sultaninen, 15 Minuten in lauwarmem Wasser eingeweicht, gut abgetropft
50 g Pinienkerne
25 g Orangeat und Zitronat
Salz nach Geschmack

*Empfohlener Wein: ein halbtrockener oder süßer Dessertwein (Marino Amabile oder Dolce)*

**Früher wurden *maritozzi*, zusammen mit einem Glas süßem oder trockenem Weißwein, der Familie und den Gästen während der Fastenzeit angeboten.**

*Für 4 Personen*
*Vorbereitungszeit: 5 Minuten*
*+ 1 Stunde Ruhezeit im Kühlschrank*
*Schwierigkeitsgrad: einfach*

600 g frische Erdbeeren
6 EL extrafeiner Zucker
125 ml trockener Weißwein

# Fragole al vino bianco

## *Erdbeeren in Weißwein*

Die Erdbeeren von den Stielen befreien und unter fließendem kaltem Waser waschen. Gut abtropfen lassen und mit einem sauberen Geschirrtuch trockentupfen. ◆ Die Erdbeeren in eine Servierschüssel geben. Mit Zucker bestreuen und mit Wein beträufeln. ◆ In den Kühlschrank stellen und vor dem Servieren mindestens 1 Stunde durchziehen lassen.

**Erdbeeren in Weißwein sind ein ebenso gesunder wie köstlicher Nachtisch und mit Vanilleeis geradezu unwiderstehlich. Dieses Dessert eignet sich als perfekter Abschluss eines Abendessens an einem warmen Sommerabend, wenn die Erdbeersaison auf ihrem Höhepunkt ist. Weißweinessig statt Weißwein gibt dem Dessert eine ganz besondere Note.**

# Crema di ricotta

*Ricottacreme*

Ricotta in eine Schüssel geben, Puderzucker und Zimt hinzufügen und alles sorgfältig zu einer glatten, luftigen Creme vermischen. • Vor dem Servieren für mindestens 1 Stunde in den Kühlschrank stellen.

*Für 4 Personen*
*Vorbereitungszeit: 5 Minuten*
*+ 1 Stunde Ruhezeit im Kühlschrank*
*Schwierigkeitsgrad: einfach*

600 g frischer Ricotta
6 EL Puderzucker
1 TL frisch gemahlener Zimt

*Empfohlener Wein: ein trockener Schaumwein (Colli Albani Spumante Secco)*

**Für dieses Dessert kommt nur ganz frischer Ricotta in Frage – auf keinen Fall fertig abgepackten Ricotta verwenden. Statt Zimt können auch 1/2 TL Vanillezucker oder 2 EL ungesüßtes Kakaopulver hinzugefügt werden.**

# Pizza dolce civitavecchiese

## *Süßer Pizzakuchen*

*Für 8—10 Personen*
*Vorbereitungszeit: 30 Minuten + Ruhezeit für den Hefeteig (über Nacht) + zusätzlich 3 Stunden zum Aufgehen des Teiges*
*Backzeit: 40 Minuten*
*Schwierigkeitsgrad: anspruchsvoll*

45 g frische Hefe
5 EL lauwarmes Wasser
450 g Mehl
6 Eier, zusätzlich 1 Eigelb zum Bestreichen
150 g extrafeiner Zucker
60 g frischer Ricotta
100 ml Rum
100 ml Milch
1 TL gemahlener Zimt
$^{1}/_{2}$ TL zerstoßene Anissamen
Abgeriebene Schale von 1 unbehandelten Zitrone
100 g weiches Schweineschmalz (ersatzweise Butter)
50 g Puderzucker

*Empfohlener Wein: ein süßer Dessertwein (Aleatico di Gradoli)*

Die Hefe in eine kleine Schüssel bröckeln und mit dem lauwarmem Wasser verrühren, bis sich die Hefe aufgelöst hat. • An einem warmen Ort 10 Minuten gehen lassen, bis sich an der Oberfläche Blasen bilden. • Etwa 125 g Mehl in eine Rührschüssel geben, die Hefemischung hinzugießen und unterrühren. Die Masse auf einer bemehlten Arbeitsfläche zu einem glatten Teig verkneten. Eine Kugel formen, in einer Schüssel mit einem sauberen Tuch bedecken, beiseite stellen und über Nacht gehen lassen. • Am nächsten Morgen die 6 Eier trennen und das Eigelb in einer Rührschüssel mit dem Zucker schaumig schlagen. • Das Eiweiß steif schlagen. • Ricotta, Rum, Milch, Eiweiß, Zimt, Anissamen und Zitronenschale zur Eiermischung geben. • Alles gründlich verrühren. Den aufgegangenen Hefeteig, das restliche Mehl und das Schmalz (ersatzweise Butter) hinzufügen. Alle Zutaten auf einer bemehlten Arbeitsfläche 10 Minuten durchkneten. Aus dem Teig eine Kugel formen, in einer Schüssel mit einem sauberen Tuch abdecken und an einem warmen Ort 2 Stunden gehen lassen. • Den Teig noch einmal einige Minuten kneten, wieder zu einer Kugel formen und 1 weitere Stunde gehen lassen. • Den Teig in eine gefettete Springform (Durchmesser 26 cm) geben. Das zusätzliche Eigelb verquirlen und die Oberfläche damit bestreichen. Mit Puderzucker bestreuen. • Im vorgeheizten Ofen bei 160 °C (Umluft 140 °C) 40 Minuten backen. Die Oberfläche des Pizzakuchens sollte goldbraun gebacken sein. • Aus der Springform nehmen und auskühlen lassen.

**Die Zubereitung dieses Kuchens erfordert viel Ausdauer, doch das Ergebnis ist jede Mühe wert!**

# Sformato al cioccolato

## *Schokoladenring*

*Für 6 Personen*
*Vorbereitungszeit: 2 Stunden*
*Backzeit: 25 Minuten*
*Schwierigkeitsgrad: relativ einfach*

250 ml Milch
60 g Mehl
125 g extrafeiner Zucker
60 g Butter
4 Eier, getrennt
75 g ungesüßtes Kakaopulver

*Empfohlener Wein: ein trockener Schaumwein (Frascati spumante)*

Etwas Milch abnehmen und das Mehl darin glattrühren. • Die übrige Milch mit dem Zucker und der Butter in einem Topf mit schwerem Boden zum Kochen bringen. Das in Milch verrührte Mehl hinzufügen und alles gut vermischen. Vom Herd nehmen, beiseite stellen und abkühlen lassen. • Das Eigelb hell und schaumig rühren. • Das Eiweiß steif schlagen. • Das Kakaopulver zu der Milchmischung geben und gut verrühren. • Das Eigelb unterrühren, dann das Eiweiß vorsichtig unterheben. • Den Teig in eine gefettete und mit Mehl bestäubte Ringform füllen. • Im vorgeheizten Backofen bei 190 °C (Umluft 170 °C) 25 Minuten backen. • Aus dem Ofen nehmen und abkühlen lassen. Auf eine Platte stürzen und servieren.

**Dieses köstliche Dessert ist ein absoluter Favorit unter Schokoladenliebhabern. Der Schokoladenring kann vor dem Servieren auch für einige Stunden in den Kühlschrank gestellt werden.**

# La Dolce Vita

In seinem satirischen Film *La dolce vita* (1960) setzte der italienische Regisseur Federico Fellini den Schönen und Reichen im Rom der späten 50-er Jahre des 20. Jahrhunderts ein unsterbliches Denkmal. In den 50-er und 60-er Jahren wurde Rom zum Hollywood Europas. Vor allem amerikanische Filmemacher nutzten die Vorzüge der niedrigeren Kosten und Steuern und drehten ihre Filme in Italien. Die Schauspieler und Schauspielerinnen, Regisseure und Filmcrews, die nach Rom strömten, verliehen dem Leben der Stadt (vor allem dem Nachtleben) eine weitere Dimension. Eine Art Zentrum dieses bunten Treibens bildete die Via Veneto, eine elegante Gegend mit exklusiven Hotels, Restaurants und Cafés. (Inzwischen hat sie ihre Rolle als Treffpunkt der Reichen und Berühmten jedoch verloren.) Die Piazza di Spagna, die in Fellinis Film ebenfalls Erwähnung findet, ist immer noch sehr beliebt. Die engen Straßen und bezaubernden Plätze von Trastevere und die Gegend um die Piazza Navona und das Pantheon garantieren gutes Essen und aufregendes Nachtleben.

*Als Rom im 18. Jahrhundert zu einem Hauptanziehungspunkt der reiselustigen reichen Europäer wurde, war die Gegend um die Piazza di Spagna (Spanische Treppe) ein wahres „Muss“. Damals wie heute verbrachten Touristen und Einheimische viel Zeit in den Cafés.*

*Das Filmplakat von „La dolce vita“ mit Sexbombe Anita Ekberg und Traummann Marcello Mastroianni in den Hauptrollen.*

In Rom gibt es eine Vielzahl herrlicher Springbrunnen und der schönste von allen ist wohl der Trevi-Brunnen. Hier wirft man eine Münze über die Schulter und hofft, nach Rom zurückzukehren. Fellini verhalf dem Ort mit seinem Film zu zusätzlichem Ruhm: Im Trevi-Brunnen nahm Anita Ekberg zu nächtlicher Stunde ein kühlendes Bad.

Das „Café de Paris" in der Via Veneto öffnete 1956 seine Pforten. Die gesamte Gegend ist noch nicht sehr alt (zumindest nach römischen Maßstäben): Ein Großteil entstand erst, nachdem Rom 1870 italienische Hauptstadt geworden war. Das Restaurant „George´s" in der Via marche Nr. 7 vermittelt ebenfalls einen guten Eindruck von dem Flair des dolce vita.

Große Namen der italienischen Modewelt zieren die Straßen im Zentrum Roms.

*Für 6 Personen*
*Vorbereitungszeit: 15 Minuten + 1 Stunde Ruhezeit*
*Backzeit: 25 Minuten*
*Schwierigkeitsgrad: einfach*

300 g Mehl
200 g extrafeiner Zucker
2-3 Tropfen Vanille-Essenz
1 TL gemahlener Zimt
Abgeriebene Schale von 1 unbehandelten Zitrone
1 TL Backpulver
3 EL natives Olivenöl extra
2 Eier
Butter und Mehl für das Backblech

*Empfohlener Wein: ein süßer weißer Dessertwein (Orvieto Dolce)*

# Ciambelline dolci

## *Süße Kringel*

Mehl, Zucker, Vanille-Essenz, Zimt, Zitronenschale und Backpulver in eine Rührschüssel geben. Das Öl und die Eier hinzufügen und alles 5-8 Minuten mit einem Holzlöffel verrühren. Mit einem sauberen Tuch abdecken und 1 Stunde ruhen lassen. • Eine Arbeitsfläche mit etwas Mehl bestäuben und darauf aus dem Teig mehrere lange, dünne Rollen formen. In 10-12 cm lange Stücke schneiden und an den Enden jeweils zu einem Kringel zusammendrücken. • Die Kringel auf ein gefettetes und mit Mehl bestäubtes Backblech setzen. • Im vorgeheizten Ofen bei 200 °C (Umluft 180 °C) 25 Minuten backen. • Auf einem Gitter auskühlen lassen.

**Dieses einfache, aber köstliche Gebäck ist der ideale Begleiter zu Kaffee oder Tee.**

# Bigné di San Giuseppe

## *Zitronen-Beignets*

*Für 4-6 Personen*
*Vorbereitungszeit: 25 Minuten + 1 Stunde Ruhezeit*
*Backzeit: 25 Minuten*
*Schwierigkeitsgrad: relativ einfach*

250 ml Wasser
1 Prise Salz
125 g Butter
60 g extrafeiner Zucker
Abgeriebene Schale von 1 unbehandelten Zitrone
250 g Mehl
8 Eier
Olivenöl zum Frittieren
Puderzucker zum Bestäuben

Wasser mit Salz, Butter, Zucker und Zitronenschale in einem Topf mit schwerem Boden zum Kochen bringen. • Sobald das Wasser kocht, das Mehl hinzufügen und mit einem Holzlöffel unterrühren. Unter ständigem Rühren kochen lassen, bis die Masse eindickt und sich vom Topfrand löst. Vom Herd nehmen und abkühlen lassen. • In die erkaltete Masse nacheinander die Eier einrühren. Der Teig sollte geschmeidig, aber nicht dünnflüssig sein. • Beiseite stellen und 1 Stunde ruhen lassen. • Das Öl in einer tiefen Pfanne erhitzen, bis es sehr heiß ist, aber noch nicht raucht. • Den Teig für die Beignets teelöffelweise in das heiße Öl tropfen lassen. Portionsweise ausbacken, bis die Beignets aufgegangen und goldbraun sind. • Mit einem Schaumlöffel aus dem Öl heben und auf Küchenpapier abtropfen lassen. Auf diese Weise den ganzen Teig aufbrauchen. • Die Beignets mit Puderzucker bestäuben und heiß servieren.

*Empfohlener Wein: ein süßer weißer Dessertwein (Orvieto Dolce)*

**Diese Beignets werden traditionell an jedem 19. März zu Ehren des Heiligen Josef serviert, schmecken aber auch an allen übrigen Tagen hervorragend.**

# Pesche al forno

## *Gefüllte Pfirsiche aus dem Ofen*

*Für 4-6 Personen*
*Vorbereitungszeit: 45 Minuten*
*Backzeit: 45 Minuten*
*Schwierigkeitsgrad: relativ einfach*

4-6 große, reife Pfirsiche
100 g amaretti (Mandelmakronen), zerstoßen
150 g extrafeiner Zucker
30 g Butter, in Flöckchen
4 EL brauner Rum

*Empfohlener Wein: ein süßer weißer Dessertwein (Colli Albani Dolce Superiore)*

Die Pfirsiche unter fließendem kaltem Wasser waschen. Gut abtrocknen und halbieren. • Den Kern entfernen. Mit einem Teelöffel die Pfirsichhälften aushöhlen, bis eine etwa walnussgroße Vertiefung entsteht. • Das ausgelöste Fruchtfleisch in eine Schüssel geben, etwa 75 g amaretti und den Zucker (vorher 4 EL abnehmen) hinzufügen. Alles gut vermischen und in die Pfirsichhälften füllen. • Die Butter in eine ofenfeste Form geben, die so groß sein sollte, dass alle Pfirsichhälften darin nebeneinander Platz haben. Die Pfirsichhälften in die Form setzen. • Mit Rum beträufeln und mit den restlichen amaretti und dem übrigen Zucker bestreuen. • Im vorgeheizten Ofen bei 180 °C (Umluft 180 °C) 30 Minuten backen. • Heiß oder warm servieren.

**Der süße Mandelgeschmack und das Rumaroma harmonieren perfekt mit den Pfirsichen. Die angegebene Zuckermenge kann je nach Geschmack variiert werden. Sehr gut passt dazu geschlagene süße Sahne oder Eiscreme.**

*Für 8-10 Personen*
*Vorbereitungszeit: 20 Minuten*
*Backzeit: 20 Minuten*
*Schwierigkeitsgrad: einfach*

125 g ganze Mandeln, abgezogen
150 g extrafeiner Zucker
100 g Mehl
60 g Butter
1 TL gemahlener Zimt
1 Ei
Aberiebene Schale von
1/2 unbehandelten Zitrone
Butter und Mehl für das Backblech

*Empfohlener Wein: ein süßer Dessertwein (Aleatico di Gradoli)*

# Fave dolci

## *Mandelkekse*

Die Mandeln auf einer großen Backform ausbreiten und im vorgeheizten Backofen bei 180 °C (Umluft 160 °C) etwa 8 Minuten rösten, bis sie sich zu verfärben beginnen. Aus dem Ofen nehmen und abkühlen lassen. • Die erkalteten Mandeln mit 75 g Zucker in die Küchenmaschine geben und sehr fein zermahlen. • Die Zucker-Mandel-Mischung in eine Rührschüssel geben und das Mehl, die Butter, den Zimt, das Ei und die Zitronenschale hinzufügen. Alles zu einem glatten, elastischen Teig verrühren. • Die Arbeitsfläche leicht mit Mehl bestäuben und den Teig darauf zu einer langen Rolle formen. Die Rolle für kleine, ovale Plätzchen in Scheiben schneiden. Mit dem restlichen Zucker bestreuen. • Die Plätzchen auf ein gefettetes und mit Mehl bestäubtes Backblech setzen und im vorgeheizten Ofen bei 150 °C (Umluft 130 °C) 20 Minuten hell goldbraun backen. • Vom Blech nehmen und auf einem Gitter auskühlen lassen. Nach einigen Stunden werden die Kekse knusprig. In einem luftdichten Behälter aufbewahren.

**Den Namen *fave* (Dicke Bohnen) verdanken diese Plätzchen ihrer Form. Sie werden aber auch Allerseelen-Kekse genannt, weil sie nach altem Brauch Anfang November zu diesem katholischen Feiertag auf den Tisch kommen.**

## Ein paar kleine Tipps für alle, die die Stadt und die Region selbst erforschen möchten:

ZUM WOHNEN:

**Hotel Sant' Anselmo**
Piazza Sant' Anselmo, 2
00153 Roma
Tel: 0039 - 06 - 575 08 45
Fax: 0039 - 06 - 574 35 47
Ruhig auf dem Aventino-Hügel gelegen, für Rom bezahlbar, über diese Adresse auch Zimmervermittlung der Hotels Villa S. Pio und Aventino

**Il Voltone**
Voltone
01010 Farnese
Tel/Fax: 0039 - 0761 - 42 25 40
Wunderschöne Anlage westlich vom Lago di Bolsena; Ausgangspunkt auch für Mountainbike-Touren, regionale Küche im Restaurant

**La Pergola**
Via Carro, 32
04020 Monte San Biagio
Tel: 0039 - 0771 - 560 48
Ganz im Süden Latiums, in der angeschlossenen Trattoria gibt es köstliche regionale Spezialitäten

RESTAURANTS:

**La Conca**
Via della Madonnella
02012 Amatrice
Tel: 0039 - 0746 - 852 67
Hier in der Gegend wurde all'amatriciana erfunden, natürlich auch hier zu genießen; auch Hotel

**Trattoria Fauro**
Via Ruggero Fauro, 44
00197 Roma
Tel: 0039 - 06 - 80 88 33 01
Traditionelle regionale Küche, modern aufbereitet

**La Tana de Noiantri**
Via della Paglia, 13
00153 Roma
Einfache und preiswerte, aber gute Küche, mitten in Trastevere

**La Goletta**
Via Madonna delle Neve, 35
03019 Terracina
Tel: 0039 - 0773 - 70 95 55
Auf Fisch und Meeresfrüchte spezialisiertes elegantes Lokal

WEIN:

**Enoteca Frascati**
Via Armando Diaz, 42
00044 Frascati
Tel: 0039 - 06 - 941 74 49
Weinhandlung mit Weinen nicht nur der Region, abends auch gutes Speiselokal

**Paolo di Mauro**
Via Colle Picchioni, 46
00040 Frattóchie di Marino
Tel: 0039 - 06 - 336 02 17
Kleine, aber renommierte Kellerei mit Weinen der Region

GESCHÄFTE FÜR LOKALE PRODUKTE:

**Azienda Agrituristica La Raja die Laura Fagiolo**
Passo Corese
02036 Faro in Sabina
Tel: 0039 - 0765 - 48 70 36
Gutes Olivenöl mit dem DOP-Siegel Sabina

**Giuseppe Lopez Srl**
Via Boccea, 472
00166 Roma
Tel: 0039 - 06 - 614 47 24
Käsespezialitäten, sehr guter Pecorino romano